# 丛书编委会

大家精要
典藏版丛书

# 简读

# 德里达

卢德友　著

陕西师范大学出版总社　西安

图书代号　SK24N1832

**图书在版编目(CIP)数据**

简读德里达 / 卢德友著 . — 西安：陕西师范大学出版总社有限公司，2024.11
（大家精要：典藏版 / 郭齐勇，周晓亮主编）
ISBN 978-7-5695-4180-9

Ⅰ . ①简… Ⅱ . ①卢… Ⅲ . ①德里达（Derrida，Jacques 1930-2004）—人物研究 Ⅳ . ① B565.59

中国国家版本馆 CIP 数据核字（2024）第 027762 号

# 简读德里达

JIAN DU DELIDA

**卢德友　著**

| | |
|---|---|
| 出 版 人 | 刘东风 |
| 策划编辑 | 刘　定　陈柳冬雪 |
| 责任编辑 | 张　姣 |
| 责任校对 | 陈柳冬雪 |
| 封面设计 | 龚心宇　张潇伊 |
| 出版发行 | 陕西师范大学出版总社 |
| | （西安市长安南路 199 号　邮编 710062） |
| 网　　址 | http://www.snupg.com |
| 印　　刷 | 深圳市福圣印刷有限公司 |
| 开　　本 | 889 mm×1194 mm　1/32 |
| 印　　张 | 7 |
| 插　　页 | 4 |
| 字　　数 | 130 千 |
| 版　　次 | 2024 年 11 月第 1 版 |
| 印　　次 | 2024 年 11 月第 1 次印刷 |
| 书　　号 | ISBN 978-7-5695-4180-9 |
| 定　　价 | 49.00 元 |

读者购书、书店添货或发现印装质量问题，请与本公司营销部联系、调换。
电话：（029）8530786485303629 传真：（029）85303879

# 目 录

# 序　言

　　雅克·德里达（1930—2004），20世纪下半期最重要的法国思想家之一，当代著名的哲学家、符号学家、文艺理论家和美学家，西方解构主义思潮创始人，极富个性的后现代主义者。

　　在20世纪最具国际声誉哲学家的行列中，德里达无疑始终占据重要一席。深邃的思想洞察、开放的理论空间以及强烈的现实关怀，乃是德里达蜚声国际的重要因由。德里达一生笔耕不辍、成果丰盛，其出版的著作、讲演录、谈话录等不下八十部，影响波及哲学、文学、艺术、政治学、法学、宗教学、人类学、美学、语言学、社会学乃至数学等众多领域。其中，德里达所开创的"解构"一词，也风靡现代建筑风格、时装设计等行业中。更为有趣的是，在商业色彩浓郁与追求票房数额的现代电影制作中，以某位哲学家为题材的影片实属罕见，但德里达却享受了这一殊荣。继1999年法瑟拍摄的电影《德里达在别处》之后，迪克和科夫曼于2002年又拍摄了电影《德里达》，似乎德里达不仅活跃在哲学圈内，也活跃在世界公共生活舞台上。实际也是如此，在20世纪70年代之后，德里达运用解构理论经常对政治、法律与宗教等现实问题发表看法，并在全球化与差异性、大学改革、种族歧视、女性主义、恐怖主义、电影、媒体、戏剧乃至第三世界的饥饿问题上都表明自己的立场，体现了一个思想家对于时代所肩负的责任感和使命感。在德里达关于这些现实问题的阐说之中，随处可见他作为公共知识分子的理论良心。

思想不能超出思想者所处的时代，正如人不能超出自己的皮肤一样。黑格尔把哲学看作"思想中把握到的时代"，马克思也将哲学视为"时代精神的精华"，可见，哲学作为一种社会生活的精神内容，受到一定时代的特定现实即社会存在制约。与哈贝马斯、福柯、利奥塔等同时代的哲学家一样，德里达在自己所处的时代作出了哲学家独具特色的思考。然而，在多数人看来，德里达深邃眼神所透露出的，满是晦暗艰涩的理论。毋庸置疑，德里达是深刻的，但同时也是难懂的。我们东方人，往往习惯将谈论的对象看成一个直观存在的东西，这已经是我们根深蒂固的思维方式。由此出发，我们或者有时根本不知道德里达究竟在谈论些什么而放弃阅读，或者主观塑造出一个自己认为的德里达。倘若说东方人因思维方式的惯性而难以理解德里达，那么，西方人应该可以吧。其实不然，德里达恰恰是要反对西方思维方式中最本质的东西，他总是对那些习以为常的观念进行彻底反拨，使人们顿时哑然、迷茫甚至抓狂。这也是德里达在西方学界一度遭受批评的重要原因。

德里达注定是一个毁誉参半的人物。当我们走进德里达，打开他那广阔精深而又晦涩难懂的理论世界，顿感茫然不知所措：西方两千年的文化传统几乎都被扫入历史的垃圾堆；我们所熟悉的现实世界也变得那么捉摸不定，就连我们曾笃信的思维模式、生存支点以及日常观念，都无一幸免地被纳入解构范畴之中。总之，人们习以为常的许多概念和基本命题，甚至是悠久的文化传统都被动摇了，德里达让许多人处于尴尬之中。

然而，在解构理论的革命性启发下，当代哲学获得了新的生命力，同时，在事关我们实际生活的许多领域中，德里达都不乏真知灼见。我们尽可以不认同德里达的某些理论观点，但我们对他深刻的理论洞察表示钦佩。在我们这个缺乏深刻思想的时代，德里达以其思想的力量为时代献礼。终归而言，德里达是我们这个时代无法绕开的哲学家，每一个想要把握时代脉搏的人，都不应当对德里达的努力视而不见，而应从他那里获得持续的灵感。正是由于德里达的出现，正是由于他的哲学所散发出来的独特魅力，更多的人将行走在追寻真理的路途中。

# 第1章

## 为 学 人 生

德里达是一个思想家，但同时也是一个平凡的人。作为思想家，德里达著作等身，解构一切传统，在国际知识界掀起波澜、斩获声望；而作为平凡人，德里达经历坎坷，历尽生活沧桑，在命运征途中追求真理、洒脱人生。在德里达的人生轨迹中，前半生伴随着艰辛与困境，后半生则充满争议与荣耀。

## 个 人 生 平

雅克·德里达，1930年7月15日出生在法属阿尔及利亚首都阿尔及尔南郊的避暑胜地埃尔-比亚尔，他的父亲埃梅·德里达，是一家葡萄酒和烈性酒公司的推销员，他的母亲乔吉特·萨法尔，是一位善良的犹太妇女。德里达从小将法语当作母语，完全不懂希伯来语、阿拉伯语，也没有受过犹太教的完备教育。相反，他熟悉的是拉丁文化背景下的基督教和法国文化。对于生长在小资产者家庭的德里达来说，幼年的生活还算富足，这使他在衣食无忧的同时还有机会接受法国式的现代教育。德里达来自一个犹太家族，这个家族之前从东方迁移到阿拉伯地区，因此德里达的父亲具有东方文化的背景。这样，德里达从小就受到东方文化的熏陶与西方文化的影响，夹杂其中的还有阿尔及利亚本土化的思想。如此复杂的文化背景，与德里达后来的哲学思想直接相关，如他拥有复杂的思想立场，寻求精神家园的归属，等等。在强势文化的作用下，生于阿尔及利亚的德里达精于法语，却没有学好阿拉伯语。

1935—1941年，德里达就读于埃尔-比亚尔小学。六年期间，调皮贪玩、成绩一般，基本看不出任何出众之处。1941年德里达进入本-阿克努高级中学，不料次年十月就遭遇强烈的反犹浪潮，当近两万名的犹太裔学生被维希政府赶出学校时，德里达也没有幸免于此，同时，德里达还由于自己犹太人的身份而屡遭欺凌与迫害。在法国统治阿尔及利亚的一百多年间，尽管当局采取了同化政策，但是殖民者与殖民地人民的身份仍然存在明显的等级差别，即使在犹太人被授予公民权之后，在等级差别基础上的反犹太主义还是一直存在。作为犹太人，德里达少年时期所蒙受的创伤和耻辱不难想象。自1942年6月起，年仅12岁的德里达，和他的许多犹太同学一样，发现自己被强行排除在国家教育之外。无奈之下，德里达只能被迫到一所犹太人学校继续接受教育。

就在中学时代，德里达的文学才能逐渐显露出来，并在《北非评论》上发表诗歌作品。也就大约在那个时候，德里达开始大量涉猎卢梭、纪德、尼采、加缪等人的著作，一个13岁的少年就能悠游在文学与哲学之间，可见，兴趣推动了他的思想早熟。尽管如此，那时候的德里达仍然没有明确的理想抱负，甚至想过将来要当一名职业足球运动员或是演员之类。同时，德里达似乎总是不擅长考试。1947年6月，他参加中学会考，以失败告终。1949年，他第一次离开出生地阿尔及尔远赴巴黎。在此之前，他的活动仅限于随父亲乘车旅行，范围基本上也就是在家乡附近。同年，他报考盛产文学家与哲学家的巴黎高等师范学校，但又一次落败。连续两次的失败，使正处于青春期的德里达相当失落，情绪一度陷入低谷，不巧的是身体状况也随之恶化，他不得不回到家乡休养三个月。

经过三年的准备，1952 年，德里达终于如愿以偿地考入巴黎高师，并拜入著名的马克思主义理论家阿尔都塞的门下，从此走上一条艰难探索的学者之路。在他的为学之路上，导师阿尔都塞对其产生了重要影响，两人也因此结下深厚的友谊。一旦寻找到自己的人生方向与兴趣所在，剩下的就只有加速度地前行了。1953 年，德里达选修了福柯的课程，两人从此成为朋友。同年，德里达获得了索尔邦大学的文学与哲学学位。次年，因写作毕业论文的需要，德里达前往比利时卢汶大学的胡塞尔档案馆，对德国哲学家、20 世纪现象学的奠基者和缔造者埃德蒙·胡塞尔的文献进行深入研读，写成了他的毕业论文《胡塞尔哲学中的发生问题》。为谋取教职，德里达于 1955 年参加法国大、中学哲学教师考试，可惜因口试成绩欠佳而未能成功。1956 年，德里达方才通过了这一考试，取得哲学教师的资格，随即赴美国哈佛大学进修一年。1957 年 6 月，他在波士顿与玛格丽特·奥库蒂里埃结婚，婚后育有两个儿子。之后，德里达回到阿尔及利亚服了两年的兵役。这项义务，德里达是在非军事化的环境里完成的——他在阿尔及利亚的一所小学里教了两年书。

1959 年，德里达在索尔邦大学担任著名哲学家、文艺理论家保罗·利科的助教。三年之后，德里达将胡塞尔的

《几何学的起源》翻译出版，并为之写了长篇导言，该书为德里达在哲学界带来了一定的声誉。1964年，应著名哲学家依波利特和阿尔都塞之邀，德里达重返巴黎，在母校巴黎高师担任助教一职，并在这个职位上一干就是二十年。其间，他于1980年在索尔邦大学通过博士论文答辩，取得博士学位。1982年，德里达应法国政府委托筹建国际哲学学院，并于次年担任该院的首任院长。此后，德里达的国际知名度日益提高，不断应邀到世界各地讲演。

2001年秋天，德里达来中国进行为期两周的学术之旅，先后访问了北京大学、中国社科院、三联书店《读书》杂志编辑部、南京大学、复旦大学以及上海社科院，受到国内学界的广泛欢迎。在访问期间，德里达做了两次专题学术演讲、六次座谈讨论会，主题涉及他近年来关注的宽恕、死亡、友谊、大学、赠予，以及马克思主义等问题。"9·11"事件发生的时候德里达恰好在上海，他以哲学家敏锐的洞察力预言美国将对内实行警察统治，对外发动战争，可惜历史就这么不争气地被德里达所言中。2003年秋，德里达与哈贝马斯、罗蒂等人联名发表文章，谴责和批评美国入侵伊拉克的单边主义政策，体现出一个公共知识分子应有的良知。

2004年10月8日，巴黎阴雨延绵的深夜，雅克·德里达永远闭上了他那双睿智的眼睛——因胰腺癌在巴黎一家医院去世，享年74岁。

这位对人类思想产生深远影响的理论大师逝世，整个欧洲和北美思想界都为之震动，人们无不为之悲恸惋惜。时任法国总统希拉克发表声明，高度评价了德里达毕生对法国思想文化和人类文明作出的贡献："正是有了他（德里达），法国才给整个世界贡献一位最伟大的哲学家和对当代知识生活产生重要影响的人物，他是当之无愧的'世界公民'。"德里达的离世，被法国媒体视为自1980年让–保罗·萨特逝世以来，法国学术界最重大的损失。德里达去世以后，法国的电视台和电台整个周末都在播放德里达的生平、他生前的演讲以及友人对他的回忆，还诵读他的作品。法国最有威望的报纸如《世界报》《解放报》《费加罗报》等，都不惜以最大篇幅报道德里达去世的噩耗。

## 不 甘 寂 寞

无论处于何种境遇，德里达天才般的思想总能发出夺目光彩，只是有时可能需要积蓄和等待。1964年起，德里达获巴黎高师的助教职位。尽管在此职位上干了二十年，他并没有就此甘于平庸、默默无闻。恰恰是在这看似平淡的二十年里，德里达在学术与声望上均颇为显赫。

其间，他应邀赴美国参加约翰·霍普金斯大学举办的国际学术研讨会，并作了题为"人文科学话语中的结构、符号与游戏"的讲演，批判了当时盛行的结构主义哲学，从此名声大振而一跃成为公众人物。1967年，德里达相继出版了《论文字学》《书写与差异》《声音与现象》，全面完整地阐发其解构主义的主张，奠定了他作为解构主义大师的地位。五年之后出版的《播散》《哲学的边缘》则进一步完善了这一理论体系。这些著作在国外学界的翻译与传播，使德里达进一步跃升为国际公认的哲学家。之后，德里达受邀在纽约、伦敦、柏林、布鲁塞尔等地讲演，被哥伦比亚大学、卢汶大学、艾塞克斯大学等高校授予名誉博士学位，并先后当选为纽约人文与科学院院士、美国文理科学院院士等，还被美国耶鲁大学、西北大学、康奈尔大学、纽约城市大学等学府聘为客座教授。1968年，当轰轰烈烈的巴黎"五月风暴"来临之时，德里达并未置身事外，而是公开站出来支持学生运动，此举不仅集中体现了他激进的反传统气质，而且让世人初步认识他的公共知识分子形象。

　　这二十年，德里达出版了十几部专著，在欧美知识界掀起一场巨大的解构主义狂潮，赢得了广泛的国际声誉。但这二十年，也是他在国内哲学界备受排挤、不得不游走在哲学边缘的艰难岁月。正是他的思想充斥着浓郁的反体制特征，在常人看来太离经叛道，导致他的学术与晋升不仅受到政府部门的阻挠，就连原本支持他的同行们也逐渐对他进行围攻和打压。由于得不到国内主流哲学界的认可，德里达几次想进入法兰西科学院的努力，都因众人排挤和反对而付诸东流。在国际上，德里达遇到的情况也不容乐观，比如，在剑桥大学即将投票表决是否授予德里达名誉博士学位时，竟然遭到了来自美国、德国、英国、奥地利、意大利、西班牙以及法国等多国学者的联名反对。这些反对之声使剑桥大学感到来自国际学界的压力，也使德里达本人受到诸多学术批评。这种情况下的德里达正好印证了那句话：哲学家总是孤独的。最终，以尊重学术而闻名的剑桥大学还是顶住压力，决定授予德里达名誉博士学位。

德里达在 20 世纪中后期掀起巨大思想波澜，不仅使他成为欧美知识界最具争议性的人物之一，也成为后现代思潮最重要的理论源泉。其核心概念"解构"所向披靡，从哲学广泛渗透到艺术、社会学、语言学、人类学、法学、政治学甚至建筑等领域。德里达是一个喜欢论争且不断挑起论争的人，而引起争论或成为争议的焦点就难免会受到批评，但德里达的激情却没有因此而消退。在不同场合、不同语言中，德里达总是不知疲倦地解释、发展、重申他的种种思考，承担起他作为思想家、作为介入公共生活的知识分子对时代所应担负的责任。他谴责种族隔离，批评一切形式的种族主义，抗议法国政府对非法移民的暴行，反对死刑，痛斥国家恐怖主义，无论这些行为是出于何种因由。对在西方社会主导的全球化进程中冠冕堂皇而又大行其道的依附理论和从属论调，德里达自始至终都持批判态度。在运用令人叹为观止的思想资源中，德里达指出资本主义自由民主的未来命运，即 20 世纪末逐渐为人所知的世界新秩序。

饱受争议的德里达，谨慎地防止自身被纳入体制，尽管时常游走于法国主流哲学的边缘，甚至招致国内外的诸多批评与责难，然而令人欣慰的是，具有尊重思想、尊重思想家传统的法兰西还是承认了德里达，并给予他极大的社会关注。例如，1981 年德里达在捷克斯洛伐克遭人陷害入狱时，时任法国总统密特朗责令政府全力以赴进行交涉，及时将德里达解救回国。

60 年代以后，德里达丰富的精神之旅，更多的是在文学话语的激情与灵性之中进行。德里达本人多次坦言，他在无根地浪游，并有意靠近先知的言说，他的持久兴趣在文学上。他的文字像一阵知识狂潮迎面而来，每个面对他的人都受到震撼。在哲学之外的广泛领域，德里达不仅建树颇多，而且也影响深远。

# 两桩公案

一般关于德里达生平的介绍，几乎都会提到事关他的两桩公案，因为在这著名的两桩公案中，德里达作为思想家所具有的宽容大度与勇敢正直，都被淋漓尽致地体现出来了。一件涉及"海德格尔丑闻"，另一件是关于"保罗·德·曼事件"的，实际上，两起事件都与二战期间犹太人遭受迫害有关。

1987年，维克多·法里亚斯一本名为《海德格尔与纳粹主义》的书出版，该书揭露了德国哲学家马丁·海德格尔在二战期间与纳粹曾有合作，并在战后一直对此保持沉默。更有甚者，有人将海德格尔的某些演说内容与其代表作《存在与时间》相对照，认为海德格尔的哲学为纳粹提供了理论依据。法里亚斯的书一出版，不失为扔下一颗重磅炸弹，顿时在法国社会引起了轩然大波。主张"人要诗意地栖居在大地上"的伟大哲学家海德格尔的光辉形象瞬间受到灾难性的重创。法国的媒体纷纷对海德格尔进行全面讨伐，法国两位哲学大师利奥塔与德里达也加入了那场大讨论。然而，与普通民众带着战争伤痛的情绪化态度相比，身为犹太人的德里达，对于此事却自始至终显得异常冷静与理智。

对于"海德格尔丑闻",德里达表明了他的几点立场：（1）人们对于海德格尔的指责具有合理性与正当性。无论如何，与纳粹保持任何暧昧、亲密乃至合作的关系，对于留下战争记忆的人们来说会激起内心的历史伤痛。（2）法里亚斯对海德格尔的阅读和理解不一定是准确的，认为海德格尔的行为和《存在与时间》的观点具有某种必然联系，不能不让人觉得有牵强附会之嫌。（3）要冷静看待海德格尔与纳粹的关系，不能以指责来代替阅读。无论海德格尔与纳粹的关系如何，他都是现代最深刻的哲学家。（4）与某个人的作用和行为相比，我们更应该反思纳粹产生的社会根源。按理说，身为曾经遭受纳粹迫害的犹太人，德里达在这场喧嚣的讨伐中应该最激烈才对，可他却出乎意料地保持了冷静和理智，甚至是显示出宽容，这无疑需要巨大的勇气和博大的胸襟。

另一桩公案涉及德里达的好友保罗·德·曼。保罗·德·曼是德国康斯坦茨大学美学的奠基人之一，也是康斯坦茨学派的领军人物，于1983年去世。在保罗·德·曼去世四年后，有人指控他于1940年12月至1942年12月之间，曾在比利时某报纸专栏上发表亲纳粹的文章。此事一出，欧美文艺理论界一片哗然，批评与讨伐之声不绝于耳。

德里达对纳粹尽管深恶痛绝，但也不想草率行事而使好友蒙冤。所以，他详细地了解事情原委，并亲自深入寻访保罗·德·曼的亲朋好友，掌握了翔实有效的证据。1988年，德里达为保罗·德·曼撰文作了全面而有力的辩护：（1）保罗·德·曼受指控的文章与德军占领的日期不符合；（2）那家比利时报纸是否具有反犹倾向我们不得而知；（3）证明保罗·德·曼具有反犹倾向缺乏确凿的证据；（4）年轻的保罗·德·曼在当时是否能真正为自身行为负责？于是，很多人不理解，德里达作为受害人为何要为反犹主义辩护。德里达为老朋友保罗·德·曼的辩护，给人留下了这样一个误解，即解构就是意味着你从来不必对别人说对不起。换句话说，好像解构意味着从不请求原谅，从不为自身的错误行为而道歉。如1992年英国《卫报》一篇文章中，赫然出现一句可以说是很恶毒的话："如果我们借用德里达的逻辑，就可以通过解构《我的奋斗》揭示出希特勒与反犹太主义是相互冲突的。"实际上，德里达的辩护，超越了报复与宽容的对立，而是站在正义的高度去还原事实的真相。

通过这两桩公案，我们看到的是这么一个德里达：维护正义而又尊重客观事实，眼光犀利而又富于宽容之心，追求事实真相而不畏千夫所指。

# 第 2 章

# 后现代主义

20 世纪中叶之后，在西方出现一股具有反对近现代体系倾向的思潮，人们通常称之为后现代主义。哲学是后现代主义最热闹的场所，具有反传统倾向的哲学家，在现代西方的各个哲学流派中都能找到。其中，以德里达和福柯为代表的解构主义、利奥塔的后现代状况与元话语的终结、鲍德里亚的仿真时代论、哈贝马斯的现代主义永不完成论、德勒兹的后俄狄浦斯学说、伽达默尔的哲学解释学，以及美国哲学家蒯因、罗蒂的新实用主义等等，都构成了后现代主义的一道道纷繁复杂的理论景观。

# 思想内在倾向

在人类的思想史中，继启蒙运动之后，后现代主义恐怕是影响最为深远的一场思想革命了，它正在给人们的思维方式、精神面貌以及日常生活带来巨大冲击。对于正在感受现代性或是在追赶现代性的人们来说，解决诸多重大的现实问题迫在眉睫，后现代主义旨在对现代性的种种表现与后果进行反思，因而它的盛行绝非偶然。

后现代主义首先在哲学中产生，却自20世纪60年代以来成为盛行于西方发达国家的文化思潮，它广泛存在于艺术、美学、文学、语言、历史学、政治学、社会学、伦理学等意识形态的诸多领域。后现代主义哲学起初以彻底否定现代哲学的面目出现，人们称其为激进性的后现代主义哲学，之后又逐渐产生了建设性的后现代主义哲学，来作为对激进性的后现代主义哲学的回应。几十年来，后现代主义的影响迅速扩大。特别是20世纪80年代以来，"后现代"一词在西方乃至全世界逐渐进入人们的视野，"话语""文本""叙事""解构""颠覆""游戏"等等，都成了后现代主义哲学频繁使用的概念。

后现代主义哲学尽管理论来源有所不同，观察问题的角度各异，研究方法各有千秋，但却都有着共同的理论倾向、基本观点或思想实质。它们从否定物质与精神、主体与客体这些对立统一关系出发，拒斥"形而上学"（**本体论**），反对基础主义、本质主义、理性主义，宣扬所谓不确定性、易逝性、碎片性、零散化等等。总体而言，作为当代西方社会经济、政治、科学技术状况在观念上的反映，后现代主义哲学的总体追求，是要超越西方近现代主流文化的理论基础与思维方式。

后现代主义是与现代主义相对而言的，所谓"现代"或者"现代性"，一般而言，是指从文艺复兴，尤其是启蒙运动以来社会各方面逐渐发生的变革。其突出表现，就是生产过程的理性计算化操纵、组织管理方式的科层制、人的主体性消沉，以及贯穿整个现代生活的资本统治。它们又与市场经济、民主政治、市民社会等因素混杂并存，一起映衬出现代性的多副"面孔"。英国社会理论家和社会学家吉登斯就认为，现代性是指社会生活或组织模式，大约 17 世纪它出现在欧洲，并且在后来的岁月里，不同程度地在世界范围内产生着影响。

现代性的核心，是源自近代启蒙思想的理性原则。"启蒙"的本义是"光明"，启蒙思想家认为，迄今仍处于黑暗之中的人们，应该用理性之光驱散黑暗走向光明，因而他们积极批判专制主义、宗教愚昧和封建特权主义，宣传自由、平等和民主。所以，崇尚理性是启蒙时代思想家们的共同特征，理性成为衡量一切的标准。在人与自然、人与神的对立关系中，拥有和掌握理性的人占据主导地位。启蒙思想家们认为，人性和道德将会在理性的引导下不断完善，人的主体性需要被张扬出来。依此看来，现代性正如哈贝马斯所认为的那样，是理性依据启蒙设计的蓝图在社会生活的全面落实。

"后现代"或"后现代主义"，则体现了人类思维最复杂和诡异的一面。后现代主义以庞杂的理论图景著称，而"后现代主义"一词本身的复杂意义，丝毫不亚于它内部的理论形态。首先，后现代主义意味着是"现代主义之后"。它的话语体系明显在现代主义出现之后才盛行，而关于"现代"的起点，或被定位在新航路开辟，或是被界定在第一次世界大战，甚至是第二次世界大战以来的当代，等等，见仁见智，不一而足。相比之下，后现代则是西方文化的当代阶段，多数人倾向于认为是20世纪60年代以来的现时代。其次，后现代被理解为是反现代主义的。它对现代性之中的思维方式甚至日常生活大加批判，否定一切具有现代性特征的价值取向与表现形式。此外，后现代还被认为是现代性发展的新阶段。它是现代主义在内部批判中获得的新发展，有的人将之称为后工业社会，或是信息社会等。然而，尽管后现代主义具有内在的反传统、去中心、重差异等特点，却并不表示它与现代性绝然划界并分道扬镳，它恰恰是现代性自身发展与超越的表现。因此，在现代性之中发展起来的后现代性，无论被赋予什么样的理论定位，对于我们正在进行的现代性都可能具有深化和推进之功。

其实，后现代主义并不精确地发生在某一时刻，作为一系列征候它可以发生在任何时期，只要符合了后现代主义的某些基本特点。只是到了20世纪后半叶的西方社会，也就是在资本主义的当代阶段，随着一些具有后现代主义特征的现象集中出现，后现代主义才真正作为一股强大思潮涌现出来。这股强大思潮虽然流派众多，却具有一些共同的内在思想倾向。那么，后现代主义到底有哪些共同的内在倾向呢？

（一）反对形形色色的中心主义。当赫拉克利特第一次使用"逻各斯"时，他万万没有料到的是，这一概念竟然为西方哲学拟定了几千年的发展路向，并最终造就了所谓逻各斯中心主义的盛行。人们从最初的敬畏神话中摆脱出来，最终听从万物之中的逻各斯，逻各斯就成了一切存在与思维的中心。在德里达眼里，由逻各斯中心主义演化而来的语音中心主义，以强调语音优先于文字的形式发展了逻各斯。可以看出，这种逻各斯的传统一直在西方思想中占据核心地位，从柏拉图到亚里士多德，从黑格尔到海德格尔，都有意无意地成为逻各斯中心主义的坚定支持者。他们的理论体系，都存在着诸如理念、善、绝对精神、存在等中心，并且认为语音对于文字保持着优先性，是不折不扣的逻各斯中心主义。不管是柏拉图倡导的聆听理念之声，还是卢梭与康德要求的遵从良心之声，或是被海德格尔解开遮蔽的存在之声，都传达了强调中心的西方形而上学思维模式。

后现代主义反对各式各类的逻各斯中心主义，拒绝承认语音对于文字具有优先性。德里达认为，逻各斯中心主义是人们主观设定的最高存在，无论它被赋予多么崇高的地位也无法掩盖其虚假本质，不同人的不同命名只能使它作为神话得以延续。为了破除逻各斯中心主义的霸权统治，德里达从消解语音中心入手，强调文字对语音中心的抵抗。他认为，以语音来表达信息的时候，言谈举止与眉目传情确实能显示出面对面沟通的优势，但这一方式是以言语者在场为中心的。相比之下，文字是言语者不在场的产物，它是言语者给我们留下的踪迹，读者要在反复的阅读中不断获得新的认识，这是言语者迟来的象征。

"在场"就是一种此刻的现实形态，但是现实总是流动的，它不停地将未来转化为过去，并在时间与空间上不断地分布延伸。如此一来，语音总是那么稍纵即逝，我们无法把握其留下的踪迹。文字则是语音在时空中的分布延伸，它始终为言语者留下踪迹，甚至通过它能窥见千万年的历史。语音对应着聆听，但聆听常常伴随着遗忘，一旦遗忘就难以回忆起语音的意义；文字对应着阅读，阅读不断地持续进行，文字的意义总是在各种差异性中出现。所以，文字的分布延伸是具有离心力的，它不承认某种固定不变的中心，而强调从差异性、边缘性中获得真实的意义。德里达正是运用分布延伸和差异性的思维，取消语音对于文字的优先性地位，进而取消具有某种中心的存在，使得逻各斯中心主义失去存在的根基。

（二）反对基础主义。所谓基础主义，指的是这么一种哲学信念，即当我们在确定理性、知识、真理、实在、善和正义的性质时，必定存在和必须诉诸某种永恒的、非历史的基础或者框架。后现代哲学一向以批判现代主义为主要立场，对基础主义的批判，无疑也是后现代主义哲学的理论旨趣之一，甚至有的哲学家干脆称后现代主义就是反基础主义。

整个西方传统的思维模式，某种程度上都以基础主义表现出来，因为它始终对某种固定理念进行形而上学的追求，尤其在希腊自然哲学家那里更是具有代表性。基础被认为是万物的本原，具有永恒性和固定性，基础主义就建立在相信并且寻求这种基础的努力上。希腊人认为，存在着一个根本的理性世界，我们生活的现象世界只是它的摹本，所以，现象世界是虚假的和靠不住的。如何去认识隐藏在现象世界背后的那个理性世界？希腊哲学家们使用了归因法，将世界的本原往回追溯，认为世界源于水、火、数、以太、气等物质中的一种或是几种，试图以有限的东西去统摄无限的世界。巴门尼德将这些各式各样的本原加以概念化，统一归结为存在，之后，柏拉图将这种存在的意义加以发扬光大，构建了以理念为最高宗旨的形而上学的理想国。现象与本质、意见与真理、感性与理性等这些二元对立的思维，就在这些构建基础的行动中得以产生。柏拉图认为，只有依靠理性，人们才能透过现象把握到背后的本质和真理。这样，这一基础主义的形而上学传统路向，就被柏拉图首先开辟出来。

近代科技革命的兴起，受到冲击的不仅是宗教神学，就连哲学也概莫能外。光的波粒二象性、海森堡的测不准定理、康德-拉普拉斯星云假说等物理学与天文学的进步，对确定性、同一性和必然性的哲学理念提出了挑战。科学的内在精神是一种自由精神，它要求对待研究对象要展开自由的探索，从各个不同的角度进入研究对象内部，而不是被束缚在某一个颠扑不破的所谓真理中。后现代主义者认为，基础主义思维的产生尽管有其社会根源，但就其实质来说，基础主义思维是陈旧、封闭的僵化模式，它必定导致独断论和思想霸权。根据后现代主义的看法，基础主义思维存在是错误的，它否定了世界的多义性和多元性，把丰富多彩的复杂世界还原成了苍白贫乏的单一世界。

（三）反对总体性思维。总体性思维的存在，起源于人作为孤立的个体而存在，人们构成的文化共同体各有特征，如果不同的文化共同体都偏执于自己的独特性，势必难以进行有效的交往和沟通。因此，为了避免这一可能存在的困境，人们必须致力于寻找一个普遍共识，那就是存在于各个文化主体中共同的特质，它有助于各个文化主体实现有效交往和沟通。总体性思维也是后现代主义关注和批判的对象，在后现代思想家眼里，世界并非一个相互联系的网络整体，他们认为那种将世界视为一个总体的看法，是不折不扣的形而上学思维。总体性的思维是有害的，它掩盖和吞噬了一切差异性，将断裂性的文化、碎片化的生活都统一纳入一个总体之中。

很多后现代主义思想家不约而同地肯定差异性，鼓励人们拒斥不公正的普遍标准和价值，而以差异性、边缘性的立场行事。总体性以及同一性等话语，在西方哲学传统中一直备受青睐，但它们意味着一种话语对另一种话语的统治，差异性就在其中变得岌岌可危。由柏拉图开创而来的总体性思维模式，在黑格尔的哲学体系中达到了登峰造极的地步。黑格尔以正—反—合的辩证法，将一切异质性因素都统摄在了绝对精神之中。而后现代主义者就要通过重视差异性、不确定性，来摆脱总体性的束缚，还原世界多样性的本来面目。因此，要反对总体性所造成的霸权统治，就必须消解总体性，将世界丰富多彩的本来面目展现出来。

（四）批判现代性。尽管后现代主义是在现代性之中孕育而来，但仍然掩饰不了它对现代性的颠覆倾向；尽管对于现代性具有不尽相同的看法，但后现代主义思想家们在批判现代性方面却不谋而合，并且达成了某种共识。

现代性为什么要受到批判？在后现代主义看来，现代性的知识谱系以宏大叙事和追求绝对真理著称，理性作为一种无可争辩的指导思想，迅速被各学科领域接受，由此开创了一种全新的意识形态。人作为理性的主宰，主体性意识也逐渐膨胀起来。科学在改造世界的过程中显得战无不胜，它活脱脱就是一部所向披靡的强大机器，而人就是这部机器的操纵者，一种理性的狂妄便由此产生：人是宇宙万物的中心。从理性到知识再到科学的连续效应，最终突显了科学的历史地位，科学被沦为人类征服自然的工具，用来按照人的意志改造世界。结果却是令人惶恐的，因为某种理论一旦宣称自己掌握了绝对真理，就绝不允许其他的差异性有生存的空间。因此，伴随着宏大叙事的，往往是排除异己和压制差异。利奥塔、德里达等人着力对此形成反拨，他们看到人本身的脆弱性遭遇了世界的不确定性，寻求绝对真理显得不太可能。此种情况，人们只能保持自身作为差异性的存在，而无法去建构宏大抽象的观念世界。

（五）反对主体性。在逻各斯中心主义的影响下，在人与自然、主体与客体之间，人作为理性的掌握者居于中心地位。自从"人是万物的尺度""认识你自己"等格言被人们认同之后，人在哲学思维中稳固的主体性地位就奠定起来。哲学认识的对象由客观的自然界转向了人本身，并且希望自身与认识对象之间获得同一性。在笛卡儿论证了"我思"与"我在"的关系后，作为认识主体的人则成了构造一切的前提。

自笛卡儿在哲学上提出"意识内在性"原则以来，以理性为第一原则阐述历史的途径，随即被认为是通向历史的权威通道。在怀疑一切的第一要义下，笛卡儿哲学以划分主客二元对立为前提抛开一切假设和规定，将"思维本身"作为一个纯洁的绝对开端，奠定了"思"在人类理智认识中的地位。此后，经过莱布尼茨、斯宾诺莎直至康德，抽象思维通过形式地把握经验，从而获得了对自身的确信。康德以理性自身就是自由的规定为逻辑前提，将"理性为自己立法"确立为具有普遍性的原则，从而赋予人们行为的普遍效准。黑格尔把这种理性延伸至历史这一维度，以思想来构筑现实，思的主体性在黑格尔思辨哲学中达至顶峰。意识内在性所表征的乃是"思"的主体性意识，它依托纯粹的理性思维，将某些先验的原则、形式，抑或是某种绝对的精神、意志作为出发点，这无形中把本来属于人的意识抽象化了。

后现代主义者反对这种关于主体的抽象构造，反对哲学在主体的推动下去建造包罗万象的观念体系。他们认为，不存在至高无上的、作为根基的主体。即使这种主体存在，也会在现代化过程中迷失自身。在强大的现代性压迫面前，人们的主体性在逐渐陷落，充斥在生活中的是繁忙、操劳、彷徨、苦闷、焦虑等，主体被碎片化了，人们只能漫无目的地随波逐流。

（六）反对理性。现代性以"理性"的确立与张扬为标志，在传统的理性主义看来，主体只需要遵照理性最终就能够认识对象，揭示对象的确定性意义。与此相反，后现代主义则以批判和反叛现代性的姿态出现。因此，反理性主义必然成为后现代主义的一个重要特征。关于反理性主义思想，后现代主义哲学思潮中的两位典型代表——德里达和罗蒂的理论使我们管窥一斑。

德里达以反中心化的策略，试图实现对意义的确定性、单一性的颠覆。按照传统的认识，结构是有中心的，这个唯一的中心发挥着对结构进行组织、平衡和调整的作用。传统的体系哲学力图从整体上把握这个世界，但总是认为存在着某种中心，似乎只要抓住这个中心就万事大吉，如柏拉图的"理念"、黑格尔的"绝对精神"等。既然中心主宰着结构，我们就可以由这个中心出发去理解和阐释整个世界，最终建立一个庞大的哲学体系。可以说，传统哲学发展的历史，实质就是用一个中心替代另外一个中心。可是，在德里达看来，中心构成和主宰了事物的结构，但中心本身却不受结构的制约，这就形成了一个悖论：中心既在结构之中又在结构之外。德里达认为，要走出这种悖论，就必须消解中心。德里达对意义的单一性与确定性的颠覆，其实也就是反对把对一个事物的理解凝固化、绝对化，反对把它变成一种不容置疑的权威。德里达认为，理性吞噬了感性并将后者纳入自身，这一后果是非常可怕的。运用解构主义方法，德里达对逻各斯中心主义的解构，意在将人类从理性的权威统治中解放出来。正是在这个意义上，有的西方学者称德里达的理论是"革命的"，因为它推翻了理性的思维方式和生活方式。

罗蒂则是从实用主义的角度出发，试图解构将真理视为符合本质这一传统。罗蒂明确说，在柏拉图和康德哲学传统中使用的"理性"概念，都要求真理符合本质、道德符合原则，而实用主义者则试图解构所有这种概念。事实上，后现代主义之所以集体向理性发难，一个根本原因就是理性自身存在着方法上的局限性。在理性主义哲学家那里，理性既是对象又是方法，不幸的是，作为方法的工具理性却被他们无限扩大而越界了。

总之，后现代主义更重视人的有限性存在，强调世界的差异性和复杂性。它不制造中心、不去构造世界，只是不断从差异性中去认识世界。后现代主义认为，那种认为存在绝对真理并对之加以追求的思维方式，实质是妄图一劳永逸解决问题，是一种实实在在的懒惰行为。毕竟，真理有条件，而认识无止境。

## 谁开理论先河

德里达是一个备受争议的思想家。他的思想被认为与英美哲学的主流格格不入，许多传统学者都很难接受他的思想，认为他破坏了西方文明。然而，德里达的思想却影响非常广泛，被用作女权主义运动、同性恋抗争、黑人运动等的理论武器。在哲学中，集两种相对立的个性于一身的人，除了苏格拉底恐怕就非德里达莫属了。

德里达的哲学视野非常广阔，在他的重要著作《柏拉图的药》中，德里达从修辞学、文化等视野去展开解构思路，让文本穿梭在文学与哲学之间。凭借深厚的哲学积淀，他可以自如地游弋在从苏格拉底到海德格尔的理论中，对各种理论资源信手拈来，并在其中纵横捭阖。所以，我们所要理解的德里达，不应仅仅只是解构主义大师、后现代主义阵营中的主力干将，而且还是对于过去有所反思和对未来有所启示的人。

关于后现代主义的真正开启者，有人基于摧毁传统考察而首推尼采，有人从解构传统角度力挺德里达，究竟谁才能获此殊荣？大多数现代思想家都认为，尼采开启了后现代的转向，这一判断主要受到哈贝马斯《现代性的哲学话语》的影响。在这部颇具影响力的著作中，哈贝马斯将尼采视为一个转折的路标，现代思想史从尼采这里走向后现代。

在历史曲折漫长的演进过程中，人类理性得到了不断充实与发展。理性精神是指人们在思维中培养起来的逻辑推理能力和过程，它不仅与感性、情感、知觉、欲望势不两立，还同信仰和迷信水火不容。古希腊时期，赫拉克利特的"逻各斯"、柏拉图的"理念"、亚里士多德的"目的因"，都蕴含着自然理性的观念。他们立足自然，去探寻万事万物存在、发展、消亡的原因和机理，成为人类运用理性对自然本质规律不断探索的积极尝试。文艺复兴、宗教改革、启蒙运动时期的哲学和科学研究，也进一步继承和发扬了理性，并随着同时期科技革命、产业革命的深入发展，理性权威得以确立。理性精神有两个突出特点：（1）理性是一种态度，即相信自然界是客观实在的；（2）人类能用理性来认识自然，人的本质决定人类能够运用自己的理性拷问自然，得到确定的知识或者真理。然而，按照启蒙拟定的理性精神，却在现实中出现了巨大问题。面对如此情形，是对主体为中心的理性再次作出批判，还是彻底摒弃启蒙拟定的理性精神，尼采毫不犹豫地选择了后者。

尼采在拒绝西方传统的理性思维后，将现代思想转向了后现代。在《悲剧的诞生》中，尼采诉诸酒神狄俄尼索斯精神，即酝酿在艺术之中的感性与激情。尽管黑格尔、谢林、费希特等德国理性形而上学的大师们都尊崇艺术，他们的哲学体系中艺术总是占据一定地位。但是，他们却以太阳神阿波罗精神对之加以调和，试图拯救西方传统而非彻底抛弃它。酒神代表激情，太阳神代表节制，所以，两者具有调和互补的余地。尼采起初也无意中跟随了这一拯救模式，但他在认清这种调和的本质后就与之告别了，因为尼采寻求的是彻底告别西方传统，而非从其内部寻找使之再生的依据。

对于尼采而言，启蒙理性与权力的联姻共谋，构成了现代性的强大统治。他指出，在资本主义社会里，尽管物质财富日益增多，人们却没有得到真正的自由和幸福。他认为，僵死的机械模式压抑人的个性，使人们失去自由思想的激情和创造文化的冲动，现代文化显得如此颓废，这是现代文明的病症，其根源是生命本能的萎缩。就此而言，霍克海默和阿多诺的《启蒙辩证法》算是遵从了尼采的信条，在霍克海默和阿多诺的视野里，压抑、物化、主体性丧失等都成为理性在现代的表现和结果。尼采指出，要医治现代疾病，必须恢复人的生命本能，并赋予他一个新的灵魂，对人生意义作出新的解释。他从叔本华那里受到启示，也认为世界的核心是生命意志。尼采所要建立的新哲学，是将生命意志置于理性之上的哲学，即非理性的哲学。为了挑战理性，他提出了强力意志说，用人的强力意志取代上帝的地位。强力意志说的核心是肯定生命，肯定人生，它不是世俗的权势，而是一种本能的、自发的、非理性的力量。强力意志决定生命的本质，决定着人生的意义。就思想产生的时代背景来看，尼采的思想大大超出了他所处的时代，因而他总是不为人所理解，他领先于时代却陷入深深的孤独之中。

之后，海德格尔、福柯、德里达等这些尼采的追随者，也在宏大的视野里继续着这个主题，他们对于社会危机具有深刻洞察力，处理问题具有独特方式，成为思想启示录式的大家。尼采需要的是西方传统的大破大立，而不是对这个传统进行修修补补。站在这种时代的风口浪尖，海德格尔、福柯、德里达等人出尽了风头，他们也不相信理性具有自我修复和自我更新的能力，他们对于重建西方思想传统中的理性不抱希望，在理性这个崇高的偶像被他们推倒之后，现代性的场境被他们拆解得七零八落。

每一个具有重要影响力的思想家，都会认识到自己对于时代负有的责任。德里达清楚地意识到西方思想传统中的重大弊病，也对我们时代的危机了然于胸，他在积极寻找解决这些问题的出路。与那些志在重建和修复现代性的思想家不同，德里达以陌生的哲学套路、鲜明的解构风格，对现代性进行彻底批判和整体颠覆。在西方理性传统遭受严厉批评而走向没落之时，德里达无疑起了排山倒海与席卷天下的作用。当然，在这一进程中，德里达不是一个人在战斗。那些挽救现代理性大厦于将倾的努力，在后现代的冲击面前都显得回天无力。尽管我们无法断定现代理性控制下的现实就真的江河日下，但对于现代理性带来的问题却不能视而不见。

20世纪下半叶，福柯、利奥塔、德勒兹、德里达等一批法国思想家引领了后现代主义思想潮流。随着福柯、德勒兹和利奥塔相继去世，世纪之交的后现代理论阵营就剩下德里达了。如果说现代理性传统在尼采那里被拒斥和推倒的话，那么它在德里达这里则被颠覆性地解构了，反叛现代理性是德里达与尼采在不同时代的相交之处，尽管哈贝马斯试图对其加以修复与重建，但也无济于事。也就是说，哈贝马斯等人没有成功地对西方正统的思想力挽狂澜，德里达更是义无反顾地对这一传统彻底颠覆。可见，由尼采开出的后现代主义先河，在德里达这里得到了最彻底的继承。在西方当代面临的精神危机和社会危机下，只有离开西方传统理性主义，才能获得心灵与现实的突围。这就是德里达所开创的道路之意义所在。

总之，对于西方思想传统与现代理性的批判路径，如果说尼采是决然否定和推倒的话，那么德里达则是深入其内部进行彻底消解。在开启后现代思想道路方面，尼采无疑作了开创性工作，但他的思想在其所处的时代不为人所理解，在以后的时代又被海德格尔加以不彻底地阐发，加之尼采本人过早由于疯癫而中断了思考，因而尼采思想的全面性并没有展现出来。与德里达同时代的思想家中，福柯则过于深入历史进行知识考古，与现实的直接对话显得较为薄弱；利奥塔的后现代理论中，本体论的批判被转化为考察知识的合法性与知识分子地位；罗蒂尽管讨论视野广阔、哲学背景复杂，但他在关注人类所面临的各类重大问题时，不免又将实用主义带入哲学之中。较之而言，德里达的思想拥有更为全面表达的机会，最重要的是，德里达的思想在一开始就以彻底的解构面目出现。

也正是由于德里达的这种彻底性，对德里达的批评者来说，德里达显然是一个有害的虚无主义者，到处危及西方社会与文化的基础。因此，只有将德里达视为后现代最有启示性的思想家来理解，其思想所波及的视野才能全部展示出来。


## 解构引领风潮

后现代主义并非一个单纯的哲学流派，也不是一种有着明确边界的当代思潮，它只是对当代具有共同倾向的复杂理论的统称。这些共同理论倾向涉及哲学、文学、艺术、宗教，以及其他介入现代生活的领域，主要表现为对西方传统思想的批判、对现代理性危机的反思、对绝对真理的质疑、对二元对立思维模式的破除等。在这些理论知识图像中，不仅充满着游戏、颠覆、差异、拆除等词语，并且由这些词语所指代的精神，也成为后现代思想家们普遍的思维方式。

无论后现代主义代表何种思维方式与价值取向，单纯从时间概念来定位它是不准确的。从新航路开辟之后，人类在社会生活上进入了现代社会，其特征是全球化机制逐渐建立起来；而自文艺复兴和宗教运动之后，人类在思想上也告别了前现代，其特征是主体性得到高扬，理性主义成为原则，科学技术变成权威，等等。在 20 世纪后半叶逐渐盛行的后现代主义，试图铲除现代主义赖以生存的根基，对于现代主义而言是一股颠覆力量；同时，它也代表着超越精神，力在克服发端于西方传统思想中理性统治的危机。后现代主义的诸多话语，都曾孕育在现代与前现代的讨论之中，因而它不是无根的浮萍。尼采、福柯、利奥塔以及德里达这些思想大师，尽管往往被贴上后现代主义者的标签，但他们猛烈批判传统的同时，却又无意地彰显了传统的魅力。他们动辄对概念进行古希腊词源学的剖析、对理论渊源开展知识考古、对古希腊神话传说进行元叙事，但他们不曾想到的是，他们所批判的西方传统文化，又在不经意中通过这些努力被重新激活。

在理论批判的直接指向和间接效果之间，德里达在何种意义上成为后现代主义者？后现代主义的理论阵营中，德里达之所以独树一帜而引领风骚，首先是因为他彻底消解西方传统形而上学的思维模式。西方传统形而上学所导致的各种二元对立，连同它们赖以存在的基础，都被德里达釜底抽薪式地消解殆尽。德里达的这一消解方法被称为解构方法，相应地，他那充满着解构方法的理论被称为解构主义。在德里达那里，解构往往不仅仅是方法，它还是一种理论策略。德里达认为，在西方思想传统尤其是在哲学中，由于本原和中心被过度强调，各种不可调和的二元对立随之产生，并且对立双方必定存在着支配与被支配的暴力等级关系。那个往往被视为中心的一方，总是占据主导地位而统治着另一方，形成一种长久的不平等与暴力关系。要对这种对立进行消解，就必须在一开始就颠覆固定的等级关系，破除那个被视为中心的东西。当然，根深蒂固的等级关系与对立双方，并非仅仅德里达的一句口号就能真正颠覆，而需要德里达以消解中心、重视差异、边缘迂回、寻找踪迹等一系列的解构策略来进行。只有这样，解构才会超越二元对立模式，不至于在颠覆之后又重新投入这一模式的怀抱。不再回到中心，不再产生二元对立，表明解构力量具有彻底性，不至于如同海德格尔那样前功尽弃。

如同许多后现代主义思想家的努力一样，德里达的解构理论旨在打破传统的理论系统，肢解其内在的封闭结构，拆除本原和中心，消解二元对立。如果将现代性视为一个机器人玩具的话，德里达就是那个好奇的孩童。他将机器人原有零件拆得七零八落之后，把各种零件都放在桌面上仔细凝视着，然后对这些零件随意放置，使得每次看到它们都会获取具有新生命意义的灵感和想象，最终产生一种具有无限可能性的意义空间。因此，德里达的这种解构活动，是试图将事物本身蕴含的复杂意义展示出来，或是将新的意义放进事物之中。例如，我们若以解构的方式去阅读《资本论》，就会发现它的意义向我们、也向其他文本无限敞开，就算在不同的时空和环境下，我们每一次对它的阅读都会获得不同意义，并且这些意义在文本与现实之间不断地流动和更新。就此而言，解构本身也是流动的，每次解构式的阅读都会产生不同的意义链条，它们连接着原文与其他文本、链接着作者与读者在不同时代的境遇，形成一种弥漫在文本之中的意义网络。我们看到，许多后现代思想家也有与此类似的看法，即意义不是现成的，而是生成的、无限开放的。

在传统形而上学看来，事物内部的中心是确定无疑的，固定不变的文本包含着确定无疑的意义，写作就是在制造这种意义，而阅读则是力图真实全面地把握作者原意。但德里达却认为，写作出来的文本恰恰没有确定性的中心意义，相反，它只留下一连串的痕迹，文本的意义是一个开放的系统，不同读者、同一个读者在不同时期的阅读，都会对其意义获得不同的认识。如此一来，文本的意义不断向四周空间弥散，而阅读就是在开放的意义上求得理解，并不存在作者与读者、写作与阅读、原意与解读之间二元对立的固定模式。所以，解构并非要从实质和形式上都消灭原有东西，而是将原有东西的基础进行拆解，使之暴露出来诸多因素，再考察这些因素的各种可能性。解构之后的文本并非具有一成不变的意义，它的意义变动不定并没有极限，因为不同读者、不同批评家一直在丰富着文本的意义。

德里达之所以被视为后现代主义者，其次是因为他对现代主义的思想基础——逻各斯中心主义和语音中心主义进行激烈批评。德里达认为，在我们的思想认识中出现各种二元对立思维，无疑是逻各斯中心主义的直接后果。这些对立范畴在我们的生活中随处可见，如天国与世俗、真理与谬误、必然与偶然、主体与客体、善良与邪恶、物质与精神、新生与灭亡等等。逻各斯中心主义假定存在着各种二元对立，仿佛就是诸多二元对立的矛盾运动构成了整个世界和历史。既然存在着二元对立，势必就会有一方对另一方的支配与统治，因为二元对立的双方并非势均力敌，往往表现为一种主次和从属关系。人们所喜爱和肯定的那一方总是处于支配地位和优先地位，另一方也总是作为对立者的形象出现。由此，一种等级关系就被逻各斯中心主义制造出来。

作为逻各斯中心主义的一个变种，语音中心主义也随之出现。"逻各斯"一词在古希腊语中本身也具有"言说"的意思。在逻各斯中心主义看来，在我们的思想观念与日常生活之外，还存在某种终极实在、绝对真理、永恒规律，它们不会自动表现出来，而是依赖语言去揭示它们。所以，语音中心主义就产生了。在语音中心主义的思维模式下，另一些二元对立和等级关系就这么被制造出来，如在语音与文字关系中，语音对于文字具有优先地位；在思想与写作的关系中，思想对于写作具有优先地位；在文本与阅读的关系中，文本对于阅读具有优先地位。

德里达认为，逻各斯中心主义及其连带的语音中心主义表面看似合理，实质却包含极大的错误，因为它们没有真实反映思想与言说、言说与写作之间的关系。在思想与言说的关系中，言说绝不仅仅是思想的简单再现，它们从一开始就存在差别。言说永远在思想之后，它只能无限地逼近真实的思想，却不能及时完全地反映思想。况且，语言总是存在缺陷，很多思想的火花在头脑里一闪而过，语言无法将这些转瞬即逝的念头表达出来。

而在语音与文字的关系中，德里达对语音的优先性也质疑，他甚至认为文字比语音更具有优越性。语言中的差异性往往包含着巨大的意义空间，语音却总是掩盖了这些差异性，但是文字则能将这些差异性显示出来，这一点尤其在同一种语言之中更为显著。例如，那些读音相同却字形各异的词语，单纯通过语音表达则会引起歧义而无法明确其意义，只有通过文字才能一目了然地将它们的差异性揭示出来。由此看来，并不存在人们所认为的中心和本原，一切都只有在差异中才能得到理解。所以，德里达曾说，语言保持着差异，差异保持着语言。语言和文本的意义存在于差异性之中，这就要求语言和文本打破封闭性模式，在开放的空间中寻求这些差异性。阅读活动中，更重要的应该是读者而非作者，不同读者、同一读者在不同时期所阅读的文本，都是在发掘散漫于其中的意义，我们要抵制那种认为文本只有一种原初意义的理解。最终的结果是，以领会原初意义为宗旨的现代主义阅读方式，有必要被后现代的解构活动代替。

尽管提及德里达，人们往往想到解构主义大师，但他首先是一个后现代主义者，而且是具有开创意义的后现代思想家。在这一基础上，我们去认识德里达那些庞杂的思想才不至于误入歧途。

# 第 3 章

## 传说中的解构

正如提及尼采，我们首先想到"上帝死了""超人意志"一样，提及德里达，可能我们首先想到的是"解构"。作为一位深受西方文化影响的思想家，德里达对于西方思想传统与哲学理论了若指掌，最难能可贵的是，他能自如地在不同的文本与理论之间穿越游走，古往今来的哲学理论与思想一旦进入他的视野，总能带给他诸多启示和灵感。然而，被德里达了若指掌并娴熟运用的西方传统文化，为何反过来又成为德里达解构的对象？所谓的解构到底有何意味？

## 解构的缘由

德里达成为当代最富个性与独具特色的哲学家，得益于他无止境的现实反思和理论创造。在其导师阿尔都塞结构主义理论的基础上，德里达对西方哲学传统进行深刻的审视与批判，开启了法国当代的后结构主义理论潮流，也即解构主义。在这之中，德里达早年涉猎的各种哲学著作与理论带给他较大助益。比如，尼采那种马刺般的哲学风格被他所沿袭，黑格尔、胡塞尔的哲学反思原则也被他所据守，而海德格尔思想中的解构概念还被德里达所借用和发展。

所谓解构，就是要打破中心，使事物的杂多性、差异性自由地呈现出来。在哲学中，解构指向了关于"存在"的霸权，也就是西方延续几千年的思维方式——逻各斯中心主义。为了打破这一传统观念，德里达力图颠覆矗立在二元对立逻辑基础之上的固定等级秩序和结构，以此批判西方传统哲学中一贯保持的逻各斯中心主义。解构所要进行的思想任务是：将中心打破并使之消解在多样化的星丛里，反对那种认为事物具有确定性意义的看法。

那么，逻各斯中心主义到底是一种什么样的思维方式呢？其根源在西方哲学的源头——古希腊哲学之中。在古希腊哲学家那里，探索世界的内在规律、发现存在于自然界和人类社会中的理性与根本原因，是他们不约而同专注进行的事业。逻各斯在那里也就意味着规律、理性、逻辑、根据、基础等，总之，它是万事万物内部那些根本原因的统称。逻各斯，出自古希腊语，是希腊哲学中一个普遍而常青的概念。古希腊人认为，在世间万物包括人类知识中，都居住着一个叫作逻各斯的东西，它意味着理性、言说、智慧，还是宇宙的灵魂，是蕴藏在每个事物之中的小宇宙。总之，作为基础的逻各斯，决定着所有的思想、语言和事物。哲学的终极目标，就是探索隐藏在各种现象背后的逻各斯，诸如实体、理性、本质、第一因、真理、根据等等。尽管逻各斯在不同的哲学家那里，具有不尽相同的名称和含义，但是它始终是作为基础性的东西存在。在整个西方哲学史中，逻各斯具有不同变种，如柏拉图的"理念"、斯多葛学派的"宇宙理性"、笛卡儿的"我思"、斯宾诺莎的"实体"、黑格尔的"绝对精神"、胡塞尔的"先验自我"，以及分析哲学中的"语言"等无不是逻各斯，构成了庞大的逻各斯帝国。

尽管在名称上具有七十二变，但万变不离其宗。在逻各斯观念下，有一种根本固定的东西始终存在，诸如意义、秩序、真理、逻辑等，我们无法直接看见这种东西，但绝不意味着它不存在。相反，正是这个根本的东西安排着大千世界的秩序，它构成了整个世界的基础和中心。围绕着逻各斯这个中心，世界变得确定无疑和井然有序，众生万物皆各司其职，就像柏拉图在《理想国》中描绘的城邦生活那般有序。重要的是，由于基础和中心的存在，一些诸如中心与边缘、主体与客体、必然与偶然等一系列的二元化思维方式也随之确立起来。这种非此即彼的二元化思维方式，逐渐内化为西方人观念中固定的逻辑范畴。

然而，有时我们认为确定的事物却并不能证明自身具有确定性，或者说它的确定性无法自己呈现出来，需要在差异性的参照中才能得到说明。"飞矢不动"这一古希腊哲学家芝诺的经典命题对此就是最好说明，世界不可能如我们想象的那样确定不移，相反，差异性有可能才是最重要和关乎根本的东西。这一命题带给胡塞尔极大启发，胡塞尔因此创立现象学，提倡"面向事情本身"，就力图向我们展示如何通过"观世界"来确立世界观。具体而言，当我们看待事物时，总是站在一定的角度，朝向特定的方位，认识到事物的部分内容和意义。但这不是全部，当我们变换角度与方位时，原先没有看到的部分就会显露出来，构成事物新的内容和意义。所以，事物的全貌与意义取决于我们不断变换的角度和方位，也就是说，世界的意义并非一成不变，而是在我们不断变换的角度、方位与世界本身内容之间互动生成的。

据此，胡塞尔进一步推演开来，认为不仅是物理世界、就连科学世界与文化世界也是如此，事物不存在所谓的常态性与确定性。

毫无疑问，胡塞尔的研究给予德里达极大的灵感。德里达认为，无论何时，我们都不可能对事物的意义获得完整理解，我们的某些先天观念不过是空洞的形式而已，事物的内容向未来无限敞开着，但却不能绝对地实现。为此，我们需要不断获取条件去无限逼近真实的内容。

从古希腊时代直到中世纪，逻各斯的观念在西方思想传统尤其是哲学中的影响是深刻的。在近代，它又以新的形式表现出来。从笛卡儿以来，人们的认识论获得一个全新的形而上学根基，都将内在的、独立的思维作为一切分析由以始发的依据。正是因为扎根于近代哲学的意识内在性土壤，经验论或唯理论的哲学都散发着浓郁的理智形而上学气息。譬如，霍布斯就将哲学定义为：根据任何事物的发生方式推论其性质，或是根据其性质推论其某种可能的发生方式而获得的知识。这种抽象思维表现的极致，是认为人具有意识并且能动性来自理性，或者说人直接就是理性的存在物，甚至有如帕斯卡所言："人是一根能思想的苇草。"可见，在理智形而上学风行的时代，人们对自身的理解都自觉谨守"思"的原则。德国古典哲学更多地从认识论上发展了这种理性自觉，从康德的"我思必须能够伴随着我的一切表象"，到费希特的"自我与非我同一"，再到黑格尔的"主体即实体"，无不纠结在如何基于人的理性来实现主客体统一的问题上，始终无法逃脱"理性的狡计"。人的现实生活被转换成理性思辨的认识过程，最终被悄然隐藏在理性的背后。

为了将活生生的现实世界从抽象中解放出来，马克思曾以"实践"作为原则，对这种哲学的内在性思维进行批判，并由此开启了哲学上的革命变革。同样，海德格尔从存在与存在者的角度也进行了批判，而德里达也通过解构理论作出自己的努力。


## 逻各斯的覆灭

逻各斯中心主义，源于德国心理学家和哲学家路德维格·克拉格斯，德里达借用此概念来表示这么一种哲学思维方式：强调"在场"为中心，强调"语音"主导性。逻各斯中心主义认为，只要具备"在场"和"语言"这两个基本要素，事物的意义就能够清晰明白地表达出来，以帮助我们认识客观世界的真理。这种类似于直接言谈的方式，就算不能真正获得真理，但因其直接性的特征，使得我们也不至于歪曲真理。德里达不相信这种思想天真和理论自信，在他眼里，什么绝对真理、普遍规律、终极意义、绝对精神统统都是浮云，它们虚无缥缈或者根本就不存在。任何追求这些东西的努力不仅显得自欺欺人，而且还会造成一种"暴政"：建构绝对牢靠的基础、树立高于一切的原则、划定等级森严的体系。德里达要解构逻各斯中心主义，首先就是要对这些错误的观念进行颠覆。

在德里达看来，逻各斯中心主义围绕着各种形态的本质"中心"，追求所谓的绝对真理、普遍规律、终极意义、绝对精神，实质上只是陶醉在精神世界中自娱自乐而已，因为世界并不存在这些东西。更为关乎根本的是，潜藏于逻各斯中心主义内部无法自圆其说的悖论，被德里达一眼看穿：既然是"中心"，那就必然是确定不移和独一无二的，可事实是，围绕着这种中心却形成了诸多形态各异的哲学体系，每个哲学体系又有自己的中心。也就是说，这个中心被不同类型的中心分走或是取代了，以至于出现相互对立的哲学体系。本是同出一脉，又为何水火不容呢？那只能证明根本没有中心，人们臆想的固定中心也总是被取代和替换。德里达指出，正是中心总是被取代和替换，哲学史才得以在矛盾中发展着。而不断被取代和替换的中心，实际上并不是中心，也不存在所谓永恒的中心。因此，逻各斯中心主义不攻自破。

在反对逻各斯中心主义方面，德里达并非开天辟地的第一人。在他之前，海德格尔曾作出过出色的尝试，不过海德格尔是从探讨存在与存在者的关系入手而已。正是在逻各斯中心主义的"在场"观念影响下，西方传统哲学将存在者视为事物的根据。海德格尔认为这是一个极大的误解，因为存在者只是显示出来的东西，它的依据则是存在，存在决定了各种各样的存在者。窥探到这一奥妙，海德格尔欣喜若狂，自信地宣布整个西方的传统哲学在他那里终结。然而，可惜的是海德格尔没有将批判进行到底，也许宣称终结本身就是另一种形式的中心。我们看到，在海德格尔那里，依然存在着一个终极价值的魅影——存在，它是形态万千的存在者的根据。因此，西方传统哲学中，象征逻各斯中心主义的存在者这尊大佛虽然被海德格尔推倒了，但是海德格尔却自己树立了一个存在的圣像。德里达认为，海德格尔将存在作为世界的终极价值和真理中心，终究还是没有摆脱逻各斯中心主义的窠臼。具体而言，德里达认为，包括海德格尔在内的试图摧毁逻各斯中心主义的哲学家，他们之所以没有最终成功，主要是由于两方面的原因。

其一，他们尽管在不同程度上涉及解构思想，但却没有将解构彻底进行下去。西方传统思想源头上的那些基本结构，为何会造成逻各斯中心主义的出现？这个问题没有得到很好的追溯和反思。逻各斯中心主义深深植根于西方文化的血液之中，具有根深蒂固的观念传统，倘若不从根源上进行怀疑和反思，难以将其连根拔起。

其二，他们无论从什么角度去质疑逻各斯中心主义，都不能避免失败的厄运而殊途同归，终究还是像施了魔法一样被限定在诸如本质、意义的框架之内，同时也被围困在二元对立的思维模式之中。其中，尽管海德格尔提及了德里达十分欣赏的"摧毁""拆除"等观念，但还是无助于自己走出这一困境。

由此看出，逻各斯中心主义具有何等强大的势力，任何反对和摧毁它的企图，都有可能不自觉地重新落入它的怀抱。尽管前赴后继的努力都以失败告终，但德里达仍然想要打破这一怪圈。他对西方思想文化的源头进行追溯，找到了逻各斯中心主义之所以产生的根本原因——对于本质、意义的寻求，以及二元对立的思维模式。只有摧毁这两者，才能对逻各斯中心主义来个釜底抽薪。经过对西方哲学传统进行考察，德里达发现不仅仅是哲学，实际上就连整个西方文化传统，也处于逻各斯中心主义思维模式的统治之下。逻各斯中心主义先是设置了形形色色的二元对立，诸如主体与客体、必然与偶然、同一与差异、理念与现象等等，然后强调这一系列的二元关系中必须有一个处于中心地位，与之相对的东西都是次要的。居于主导地位的中心是根本,其他的都是派生的、边缘的。无数哲学家所进行的事业,无非是围绕着这些二元对立的关系来建立自己的哲学体系,以保证那个居于主导地位的中心能够确定不移,而且能够被我们所认识,并以此作为通向真理的必然道路。这样一来,形形色色的中心就成为哲学家的宠儿,总是具有毋庸置疑的优先性和主导性。与之相对的各种非中心,则永远处于被统治地位,仅仅是认识真理的中介和手段而已。

德里达认为,这是一种赤裸裸的暴政和等级。传统哲学就是根据这种非此即彼的简单化和粗鲁化思维,去追求自己认为是本质的、终极的真理,而把那些派生、非中心的东西拒斥在真理的大门之外,并永远使它们对中心俯首称臣。解构,就是旨在打破这些人为制造出来的二元对立。德里达运用解构思想,直接就针对二元对立的思维模式,其深层次的批判对象则是传统哲学中的逻各斯中心主义。基于这一理论初衷,也为了不至于重蹈海德格尔的覆辙,德里达决定不再通过概念化来建构哲学体系,不再寻找居于世界内部的那个中心,而是试图采用打破中心、消解中心的手段进行,并由此制订了他的解构策略:(1)打破等级,颠倒那些对立双方的关系,将被压抑已久的非中心解放出来。这种解放,不是翻身做主人的解放,而是变原先的主次关系为平等关系。

（2）把原来系统的封闭状态打散开来，使得其内部的一切要素得到充分暴露和显现，然后让这些要素在我们的视野里自由展示。如此一来，随着哲学体系中各种二元对立关系的隐遁和消失，我们的精神也获得解放，再也无须被钳制在二元对立的牢笼中。

德里达认为，海德格尔就没有认清这一点，他在对传统哲学的思维方式进行颠覆以后，依然希望寻找一种新的东西（*存在*）来代替原有的中心（*存在者*）。这些同一性的中心，归根结底都是逻各斯中心主义得以实现的方式，最终成为西方哲学乃至传统文化的核心要素，这一过程的完成须臾离不开逻辑归纳，离不开一系列概念所形成的森严体系。

进一步而言，所有的概念形成都离不开作为符号的语言，尤其是具有直接性的语音符号。以口头语为主的直接性语言符号，又形成了一种语音中心主义，它是逻各斯中心主义的变种。因此，作为解构逻各斯中心主义的继续深入，德里达还批判和颠覆了语音中心主义。


## 语音无优先

1967 年，德里达出版了他最喜爱的著作《声音与现象》，集中讨论了胡塞尔的符号理论。胡塞尔曾在《逻辑研究》中讨论了符号的分类：一种是在场的、直接呈现意义的符号，如语音；另一种是不在场的、间接传达意义的符号，如文字。在胡塞尔那里，所有发声的语音都是在场的、直接呈现意义的符号，因为意义在其中与生俱来，内在于这个有血有肉的话语有机体中，一经说出来就能直接呈现自身的意义。较之而言，那种不在场的符号，它的意义却是后来人为附加的，它犹如一幅空白的画布，人们可以在上面尽情描绘自己想要的图案。

这两种符号的最简单和直接的表现，就是语音和文字。胡塞尔青睐语音这种符号，因为它在传达意义时具有直接性，而且由于言语者的在场，意义的世界中还充满了生命气息。文字却无法实现这一点，因为它只是没有生命、冷冰冰的符号，而且意义的传达具有不确定性，人们可以任意解读这些文字。例如，在莎士比亚的《哈姆雷特》中，一百个读者就可以看到一百个不尽相同的哈姆雷特。所以，相较于语音而言，文字只是处于从属地位的载体和中介，它只是记录和保存语音以起到传承知识的作用。语音先于文字，而且比文字更重要。

胡塞尔的这一思想遭到德里达的反对，并被德里达归结为语音中心主义。实际上，德里达在逻各斯中心主义的解构活动中，一个重要方面就是打破语音中心主义。在反对逻各斯中心主义的过程中，与胡塞尔、海德格尔相比，颠覆语音中心主义是德里达的新颖之处。德里达看到：语音之所以被人们视为先于文字，之所以相对于文字而言占据支配地位，乃是因为语音直接呈现了言语者明确的内容和意义。文字尽管也可以传达意义，但由于没有直接在场的言语者，大部分读者就很难把握文字所要明确表达的意义。就像军事情报中的摩斯电码那样时断时续、意义特殊，或是非洲某个古老部落的文字那样神秘费解、不知所云，甚至通常连文字的作者是谁都不得而知。

以言语者是否在场来判定语音和文字谁优先，德里达十分反感这种做法。在他看来，在书写者和言语者不在场的情况下，文字也照样传达信息，因为语言不管是体现为文字还是语音，它都是有生命的，语言的生命不能以我们是否看到书写者或言语者在场作为依据。文字的书写者可以不在场，这是语言所允许的，否则人类保存的历史文献与优秀作品将失去价值。人们在每次对待这些文字的时候，只要专心致志去阅读，设身处地地思考，就会获得蕴含在文字中的一般意义。这是一种开放的态度，文字的书写者可以不在场（如死亡、消失），文字所指的对象也可以不在场（如可能出现、将要发生），都不妨碍文字展现自身的意义，如我们生活中常见的遗嘱、寻物启事、天气预报、法律条文等就是这样。

相反，某些情况下正是因为书写者或对象不在场才使得文字的意义诞生，如遗嘱、悼词、祭文等。事实也正如此，尽管古希腊时期的游吟诗人荷马早已不在，就连是否确有其人我们都不得而知，但是我们在阅读他的史诗杰作《伊利亚特》和《奥德赛》时，依然能真切感受到古希腊时期的城邦生活、英雄征战、社会风貌等。

德里达认为，胡塞尔之所以力挺语音中心主义，与他不彻底的哲学立场有关，而且归根结底还是逻各斯中心主义在作祟。但是，任何一个事物要想纯粹地、孤立地存在都是不可能的，这一点胡塞尔自己也心知肚明，但是他没有进一步认识到，差异性的存在才是无条件的。因为，一个存在着的东西总是要被很多差异性因素分解掉。逻各斯中心主义下的人们，早已将这些差异性从事物的根本要素中驱逐出去，却不曾想到的是，或许这些诸如空间、外在、形体、变化等差异性才是世界的逻各斯呢？差异性成了同一性得以实现的条件，它不但不是同一性的产物，而且还是产生同一性的根据。这与马克思主义认为的普遍性寓于特殊性之中的看法，倒是具有理论上的巧合之处。只有如此，作为所谓中心的那个同一性事物才会产生。所以，同一性的事物不是先天存在的，它只能从差异性中派生而来。这样，逻各斯中心主义中关于在场的中心地位就被消解了。

其实，语音中心主义来自结构主义的开创者之一、瑞士语言学家费尔迪南·德·索绪尔。索绪尔认为，语音是文字的本质，在语音和文字这个二元对立的关系中，语音毫无争议地居于主导地位，文字只是语音的派生物，并且文字之所以存在的唯一理由就在于它表现了语音。语言学的对象，只是象征语音的口头语而不是书面语，更不是书面语和口头语的结合。实际生活中由于两者的混淆并用，使得书面语有机会与口头语平起平坐，并且一度成为口头语的主导。为何书面语的地位会越来越显赫，以至于它抢占了口头语的优先位置？索绪尔认为，文学的发展对此难辞其咎，文学使人们逐渐忘却了具有本原意义的口头语，也就意味着人们逐渐忘却了真理。因此，要回归以语音为原则的口头语，保持它对于书面语的优先性。

索绪尔的观点着实令德里达感叹，在逻各斯中心主义所建构的等级秩序中，语音就这般强势地统治着文字。在逻各斯盛行的时代，语音由于自身的特殊优势——言说者此时此刻就在场——而凌驾于文字之上，文字就这么默默地降格为中介和手段。这无疑是逻各斯中心主义暴政和粗鲁的又一实证。

诚然，从产生的时间上来说，语音确实要早于文字出现。在文字没有被发明出来之前，用来表示各种意义的语音已经出现了，小孩也总是先咿呀学语再提笔写字。许多少数民族的传说、史诗，包括他们的语言自身也只能口头传承，无法以准确的文字记录和表达。同时，从表达意义的丰富性来说，语音也确实有自身长处。当某个人当面与我交谈时，我们此时此刻就处于同一个空间和场景中，我能从他的面部表情和行为举止中判断其心理状况：悠然自得、眉飞色舞、洋洋得意、声泪俱下、强颜欢笑、坐立不安等等，这种直观性效果是文字所不能企及的。诚然，理论上来说语音确实存在优越性，但却不能放之四海而皆准。事实上，恰恰是我们对于语音理解有问题的地方，往往诉诸文字符号，此时语音必须退居二线。在我们的日常生活中，随处可见文字以及相关书面符号的重要作用，甚至是不可替代的，譬如，在坚守原则咬文嚼字的国际谈判时，在我们签订合同与达成契约时，在穆巴拉克法律诉讼的关键取证时，在可口可乐商标的登记注册上，在我们领取的大学录取通知书或毕业证上，等等。

德里达看到，言语者具有在场的优越性，这是语音之所以统治文字的关键原因，只要动摇了这一观念，语音中心主义便失去了存在的合理基础。他指出，言语者此时此刻就在场，这点无可厚非。他的言语要想得到别人的理解，那么言语者和倾听者都必须遵守同一套语言规则，否则根本不能实现意义的传递。比如，不同语言之间的障碍问题、双关语与多义性问题等。假如言语在传递信息时失败，没有达到传递信息的目的，那么言语者的在场就相当于不在场。这种情况下，语音与文字是一样的，我们不可能从这种言语中获得更多的信息，并不体现出语音的优越性。

具体而言，在语音传达中，言语者有时只是毫无意义的"路人甲"，他所提供信息的重要性往往将其自身淹没掉，人们往往关注信息本身而不在乎言说者是谁；言语者有时也只是"传话筒"，它所提供的信息早已被人们所知晓，人们可能会将信息本身连同言语者一起忘却。德里达认为，即使是当时在场的倾听者，也不可能在瞬间全部领会语音所传达的意义。语音直接刺激人们的听觉感官，只有当人们对感觉进行回味和反思之后，理解才有可能实现。如此说来，语音和文字并无二致，只是两者作用于人们不同的感官，语音作用于听觉，文字作用于视觉。另外，文字还是一种落实到物质上的记录，它以物质的形态保留和延续了人们的思想，产生出比语音更为持久的影响力。人们每一次阅读文字，都犹如在字里行间与作者进行心灵的交谈，纵使中间跨越几千年的时空隧道，也丝毫不会使作者与读者之间的交谈方式褪色。语音则昙花一现、转瞬即逝，它随着言语者的离去而永远消失，无从保留与考证。而且，经过回味与反思的语音，也丧失了其直接性、确定性的优势。

尽管文字是在书写者不在场的情况下无声地表达意义，但只要它进入读者的阅读视野，就会无休止地言说着，使读者能从中持续地收获到新信息。德国大诗人歌德的宏伟史诗《浮士德》，假如我们阅读百遍，必定有百次不同的感悟和认识，真正达到"书读百遍其义自见"的境界。正因如此，文字对于提高人们的认识水平、保存人类的文化知识起到了重要作用，就连语音的缺陷都需要依靠文字来弥补，可见，语音并不比文字具有多少优越性，它也并不具有唯一性和确定性。所以，德里达主张还原语音和文字之间原有的平等关系，两者并不是生来就对立的，也不存在谁是中心谁是边缘的状况，它们都是思想和意义的表达形式。在传承人类文化过程中，语音和文字具有巨大的互补性，彼此相互依存、缺一不可。

为了避免出现矫枉过正的危险，德里达指出，颠倒语音与文字二元对立的结构，并不意味着文字就比语音更具优势，这样只会使文字一跃而成为新的中心，那么之前的解构努力将功亏一篑。以一个中心去代替另一个中心，这是逻各斯中心主义设下的巨大圈套。德里达旨在彻底破除中心，肯定差异性与边缘性，使人们以顺其自然的方式去认识世界。通过否定在场性的优势、打破逻各斯的等级体系、清除二元对立的僵硬结构等一系列的批判，德里达瓦解了逻各斯中心主义的根基。

# 第 4 章

## 翻译的流动不羁

对于倡导信、达、雅的我国传统翻译研究界而言，解构主义的到来恰似一股来自欧陆的清新之风，为我们的本土翻译思想注入了新活力。德里达的解构主义翻译理论，观念新颖而锋芒毕露，否定原文存在着终极的确定意义，颠覆原作者的绝对权威，消除作者与译者之间的等级，打破原文与译文之间的阻隔，高扬译者的主体性创造，宣称译文是新生的语言，等等。正因如此，国内翻译界曾在观望中一度保持异乎寻常的沉默，但最终还是接受这种自成一体的翻译理论，并对其所追求的精神和境界深为叹服。

# 姗姗来迟的意义

作为解构主义大师，德里达以极富个性的解构思想独步欧美哲学界，以强烈激进的反传统观念介入当代公共生活。正如关注语音与文字一样，德里达也非常重视翻译问题。翻译，涉及语言的多样性及转换，涉及世界对于语言霸权的抗争，也涉及文本意义和风格的保护等诸多问题。德里达的翻译理论散见于许多著作与访谈之中，成为时下人们研究解构主义思想的热点之一。

德里达认为，文本就是一个打开的巨大差异系统，差异不仅成为充满在该系统中的弥散力量，它也使得文本的解构成为可能。为更好地说明文本的差异性，德里达生造了"延异"这一词语，来表达一种在延迟状态下的差异。如果我们稍加留意就不难发现，在德里达的早期和中期著作中，"延异"一词的出现频率仅次于"解构"，并且主要承担着阐明德里达解构思想的任务。

严格说来，"延异"一词是不可翻译的，因为当我们对它进行理解时，"延迟"和"差异"的基本含义总是相伴生出现，以至于我们一时无所适从和难以取舍，甚至这两种基本含义也只是"延异"多重意义的冰山一角。如果只是片面强调差异，那么就无法揭示文本在动态中延迟出现的意义，抽掉了动态性就无法将意义的延迟特征展示出来；如果只是单纯突出延迟，也无法展示文本意义的多样性，虽具有动态性却丧失了差异性。因此，延异的实质，就是静态多样与动态差异的统一。静态的多样，是指一种语言符号只有在与其他语言符号相区别时才有意义，即它们本身无法独立显示完整意义，而必须依托和联系上下文的具体语境；动态的差异，是指符号在延迟和滞后状态下显示意义，即意义总是在符号出现之后到来。

德里达创造的"延异"概念，既反对柏拉图那种静态化的差异理念，也有别于黑格尔矛盾运动中的差异思维，还改造了海德格尔在存在基础上的差异对立。所以，延异的基本特征就是不确定性，它总是处于不断运动之中。德里达坦言，无论我们将延异看得多么玄而又玄，它都不是一种直接存在和显示出来的东西。延异不会试图去支配和统治什么，也不以某种权威和中心自居，更无须特地以外在形式来表明自身重要性。在文本中，延异不仅要打破文字符号所表达的固定意义，而且还反对各种追求固定性意义的企图。

一旦文字在延迟和差异中表达意义，那么文本的意义就开始变得不确定起来，因为文本都是由文字构成的，意义的显示就成为一个无尽的拖延过程。如此一来，文本中符号和语词的本源、固定的意义都被消解了。在由符号编织的巨大网络中，一切符号的意义被暂时确定而又在延迟和差异中更新了，新的意义又进一步在延迟中出现差异，在差异中延迟到来。所以，如果文本非要具有某种确定性意义的话，那也只是一份无限迟来的承诺。

那么，由于文本意义的延异作用，在翻译活动中，究竟是否存在相对确当的翻译呢？德里达这样定义确当的翻译：简而言之，确当的翻译就是"好的"翻译，也就是要达到人们通常所期待的那种翻译效果。总之，如果译文履行了文本转化的职责，令原文为此而增光添彩，就算是较好地完成了自身的任务。在这一过程中，译文为原文找到最为确当的表达词汇，使用的语言最正确、贴切、中肯和恰到好处，这样，原文就在另一种语言中以最直截了当、最明确无误的方式呈现出来。由此可以看出，德里达主张译文的重要性，并非将原文逼退到边缘地带，而是在尊重原文的基础上，为之找到最确当的表达方式。显然，这一任务的达成绝非想象的那么简单。德里达自己也认为，我们很难在原文与译文之间完全画等号，因为译者总是要考虑译文质和量的平衡，也就是译文的准确与篇幅问题。翻译应当是用最地道与最准确的方式，将原文的意义相对完整地带入另一种语言中，使读者能够更好地获得理解。这样一来，有可能译文的篇幅会大大超过原文，从而显得烦琐臃肿，对读者的理解也会造成一定阻碍。也就是说，没有最为确定的翻译，只有更为合理的翻译；翻译没有最好，只有更好。

"延异"概念的使用，也是德里达反对逻各斯中心主义以及语音中心主义的继续。正是由于文本中的符号具有延异性质，符号的中心性、确定性意义就丧失了存在的根基，它所表达的固定意义将不复存在，代之而起的只是在符号语境中由于不断延异而流动的意义。也就是说，由于意义总是处在无止境的延异之中，它永远表现为不确定性。不确定性的意义伴随着延异过程，语言文字就是延异的游戏。遵守语言的游戏规则，意义就在语言文字的相互联系中生成。我们不妨如此形象地比喻：文本就像是夜空之中连续炸开的烟花，意义则犹如烟花炸开后天女散花般坠下的星火，星火在寂静的夜空转瞬即逝，只留下一道道绚丽的痕迹，昙花一现之后又被其他四散的星火所代替。如此一来，文本的意义就摆脱形而上学的绝对规定，不断处于流动变化状态，那么传统形而上学对于本原与中心的追求就是虚幻的，只是在玩一场永远没有大王的扑克游戏。

更进一步，对于牢牢把持着"在场"特征的哲学传统而言，延异就是一场彻底的瓦解运动，因为在场与不在场的对立一直贯穿在传统哲学中。所谓在场，是指我们谈论的事物在眼前直接呈现。传统哲学就强调在场，直接呈现在我们眼前的事物无疑具有优先地位，因为只有在场的事物才具有意义；相反，那些不在场的事物只能成为附属，因而也不具有必然的意义。德里达认为，之所以会形成这种偏好，那是我们遵从眼见为实的传统信条，以为看得见摸得着的东西肯定具有确定性，并可能轻易地将优先性赋予它们。这一想法看似天经地义，在德里达看来却显得是那么的武断和荒谬。我们眼见为实的东西，可能的确是在场事物本身，也有可能仅是它们留下的痕迹，而事物本身早已离开或消失了。确实是有某些痕迹呈现在我们眼前，被我们亲眼所见和亲身经历，但事物本身可能已经不在场了。正是有了不在场的概念，我们才能够认识在场的事物。

在德里达看来，没有任何事物会直接呈现在我们面前，或者说没有任何事物我们可以完全肯定它在场。因为我们所看到的在场事物，无一不是通过符号传递来获得理解与认识，而符号的呈现永远比在场事物慢半拍，当事物通过符号转换后传递给我们时，事物本身可能已经不在场了。我们看到的，只能是如同烟花华丽散开后的星火痕迹。结果只能是，在场的事物总是被不在场事物所规定，那么传统观念赋予在场的优先地位将不复存在，不在场将取得与在场同等重要的地位，它们之间不存在支配与被支配的关系。据此，德里达所指的延异就统摄了在场和不在场的事物，将两者共同的根源消解在了差异和延迟之中。德里达曾说，没有什么东西是完全在场或不在场的，我们看到的仅仅是差异和踪迹。在文本的阅读和翻译中，语言的意义在延异中具有不确定性。同时，延异以瓦解在场的形式使得传统文本所展示的结构——稳定的中心、终极的意义、封闭的空间都被彻底打碎。

在文本分析中使用"延异"概念，德里达想要说明文字是体现差异延迟的最好承担者。借助这一概念，德里达对于在场的幻觉提出根本性的疑惑，重新思考在场、对象、语言乃至符号所表达出来的意义。文字具有补充功能，它在说话人不在场的情况下给出意义。例如，写一份留待自己死后再宣读的遗嘱即是如此。实际上，德里达自己也是这么做的。在生命的最后日子里，德里达为自己亲笔撰写了一份将在葬礼上宣读的悼词，这份悼词以引文的形式出现，他知道自己不可能在场发言或聆听宣读。然而他的文字，这些早已脱离了作者掌控的文字，却仍然具有独特的生命力量。德里达辞世三天后，按规矩由他的儿子皮埃尔宣读，作为德里达人生谢幕的告别语。在人们的通信中也是如此，文字的功能是在写信人不在场的情况下传达意义，因为写信人在场时则会直接言谈。因此，文字是一种代替口头语的书写符号，说话者不直接在场，也使得文字的解读具有开放性。

正是由于文字使得文本符号的意义姗姗来迟，解构思想也被德里达运用到了翻译之中。文字不再处于语音的统治之下，不再是逻各斯和语音的直接记录。实际上，文字包括了语音并且超越了语音。在文本出现之前，文字处在话语之外的游离状态；在文本出现之后，这些原本游离的文字就构成了一种话语。翻译则在新的语言系统中重复这一过程，它用新的文字组成文本，来表达与原文基本相同的意义。

## 在忠实与自由之间

德里达将延异概念乃至解构思想引入翻译理论，对于传统翻译理论中许多确信不疑的观念产生了巨大撼动。那些原本令人确信的真理、本原等观念，在解构主义的洗礼中都荡然无存，人们顿时感到这个世界并非想象的那么简单。解构主义将人自身暴露出来，让人们在世界中失去安全感，但同时也赋予人们在认识世界中的无限可能性，因为没有中心、不再封闭的世界始终向我们敞开。

依此观念，翻译也不具有某种确定性答案，作者的真实意图在各种语言的转换中产生了多样性解释。那么，德里达的解构主义翻译理论为何令传统翻译家们担心呢？这就回到他的"延异"概念上来了。延异是德里达自己创造的词语，这一概念可谓德里达翻译理论的源头了。德里达通过探讨文本意义的延迟和差异问题，力在指出存在于语言中的不可翻译性，同时也刻意打破翻译活动中原文与译文、作者与译者之间对立的二元思维模式，从而颠覆了翻译中的首要原则——忠实。由此，不少人惊呼，解构主义取消了翻译中基本的忠实原则。在传统翻译理论看来，翻译中的忠实原则要求做到原文至上，如果翻译连确定性和忠实性都做不到的话，那还叫什么翻译呢？

德里达认为，文本符号不可能具有单一性和确定性的意义，它们往往极具个性化和多义性而不能翻译。翻译就是延异的过程，在把文本从一种语言翻译成为另一种语言之前，这些个性化和多义性特征就存在其中了。由于原始文本始终是不可译的，所以翻译就无法进行下去。一般认为的翻译，是指将一种相对陌生的表达方式转换成相对熟悉的表达方式的过程；德里达眼中的翻译，还具有"表达""颠倒""移送""换位""说明"等多重意思。德里达对于翻译的解释，集中体现了他解构翻译的目标，那就是使同一个词的多样性含义充分展现出来。也由此，德里达本人也刻意采取抵制翻译的方式写作，他在表达许多著作的标题与内容时，都刻意使用大量双关语和多义词，这使得翻译成为困难。

在德里达那里，作为从断裂性与不确定性中提取出来的碎片，原文作品的意义并非先前就存在于字里行间，而是在读者的反复阅读与回味中姗姗来迟，原文的作者并没有权威的解释。传统意义上的作者与译者、原文与译文之间的支配与被支配地位应该翻转过来，译者不必紧随在作者身后亦步亦趋。这种情况下，原文不再具有牢固的优先地位，相反，它的意义处于不断延异中，它的生命力在读者的反复咀嚼中得以延伸。德里达的解构主义翻译观认为，在用译文来表达原文的翻译活动中，不是译文必须中规中矩地按照原文行事，而是原文依赖译文来体现自身内容、等待译文去发现自身的意义。没有译文的转换，原文就始终在那里孤芳自赏、顾影自怜，始终召唤着译文来表达自身。译者所要把握的文本意义并非存在于原文之中，而是潜藏在他所要转换过来的译文里。换句话说，并没有一个确定的意义存在于原文中，因为它每被翻译一次都会被赋予新的意义，或是被消解旧的意义。译者的每次翻译都是一个富于创造性的过程，同一个原文会被不同的译者以不同的译文表达出来。所以，我们看到，对于同一部经典著作的解读，不同历史时期的人们会产生较多差异，这些差异就体现在传统意义的消失与新的意义的出现之中，打上明显的时代印记。

现代语言学家索绪尔认为，语言符号由概念和声音两部分相统一而成，翻译也要力求达到两者相统一以实现语言的确定意义。德里达则对这一观点表示反对，他认为，翻译必然涉及不同的文化传统，也涉及不同的语言类型。然而，由于文化背景、社会习俗与历史状况不同，不同语言符号之间的概念和声音并不存在同一性。翻译的功能恰恰在于，弥合不同的差距使得原文的意义得到扩展，原文文本是一个开放和多元的体系，不拘一格的翻译才使得原文的丰富意义呈现出来。

照此看来，传统的翻译观念中，那种置阅读主体、历史时代以及社会语境的变化于不顾，在"忠实"的名义下去追求确定性与永恒性的做法是不可取的。所以，德里达对于传统翻译理论拟定了分延、撒播、踪迹与替补等策略，来说明在开放的原文体系中，我们如何去寻找到更为合理的翻译。翻译不是临摹和反射，而是经过译者与文本不断发生对话，将那些散见于原文中的意义拾取过来，进而无限逼近作者真实意图的过程。巧合的是，英国历史学家卡尔对于历史也有类似的见解：历史，就是现在与过去之间永无休止的对话。

然而，正如解构主义并非一味拆解和破坏一样，解构主义的翻译观念也不意味着随性和任意，它认可原文意义以相对稳定的形式存在。无论原文在时间流逝中被附加了何种意义，翻译总能在原文思想的那些断裂之处、边缘之处迂回地向真实意义接近。译者在翻译中的创造活动，并非胡编乱造的文本转换，也非随心所欲的改写，而是为表达原文意义创造更多的可能性，使那些经典著作能在不同时代展现新的生命力。在此，译者在翻译过程中的主动性就体现出来了，不再从属于作者，以作者书写的文字作为唯一方向，只为实现原文与译文之间等值的意思表达。一篇优秀的译作，甚至能比原文拥有更强的生命力。它承载了译者更为广阔的视野，使译者以新的视角和眼光来打量作者及其原文，而翻译就是原文意义的增长和延续。坚持从同一扩散到杂多的开放性，充分重视到文本转换中的复杂性和可能性，这就是德里达解构主义翻译观的不同之处。可见，德里达的翻译理论并非指出一条合理的翻译通道，而是在反对传统翻译观念那种狭隘刻板的同时，为当代翻译领域打开一个多元的、动态的视野。

在翻译活动中，如何权衡忠实与自由的关系？德里达所倡导的翻译思想得到越来越多的认同。人们加以肯定的是，翻译尽管必须遵从一定的忠实原则，但译者在翻译活动中也能发挥主观能动性。德里达强调翻译的复杂性，不是消极地突出差异性来让译者望而却步，也不是试图在原文与译文之间人为设置一道不可逾越的柏林墙，以达到原文不可翻译、抵制翻译的目的。可以说，德里达是站在哲学的高度，探讨原文与译文、作者与译者双方的矛盾运动，动态地揭示在不同文化背景中，语言符号所具有的多重意义和开放空间。读者的知识禀赋、时空条件不同，必然会发现文本中那些隐藏的意义，一旦那些隐藏的意义被读者发现出来之后，文本也就相当于以另一种方式显示给读者，所以传统那种对等的、确定的翻译不可能实现。德里达相信文本意义总是在延迟中到来，人们总是在反复阅读中获得新的意义。那些隐藏的意义，就散落在文本中被忽视的边缘地带，需要译者积极去寻求。德里达鼓励译者置身于特定的历史语境，从特定的视角同文本进行对话，并积极地探索文本中那些隐藏的意义，来打破确定性意义的独占地位，使人们能听见不同的声音。

如果说传统翻译理论就像是一湾平静的湖水，那么德里达运用解构之手在其中使劲搅动了几下，使得原本平静的湖面荡起层层波纹。德里达的解构主义翻译观，突破了传统翻译理论的陈规俗套，让人们对翻译这门学科有了再认识。然而，这种观念仅仅是一种哲学层面的指导而已，要想成为具体的翻译方法和原则，其自身也有内在缺陷。比如，对于专业性强的科技翻译来说，追求确定性就成为必须，没有多少可以探索和自由发挥的意义空间。我们毋宁说，德里达的解构主义翻译理论，只是提倡一种无限靠近文本真实意义的探索精神，以及在这一过程中我们所应具有的开放视野、博大胸襟及谨慎态度。

# 抵制翻译

德里达的著作《论文字学》问世后，它的英译者佳亚特里·斯皮瓦克在其序言中曾说：德里达的词汇总是处于流动之中。事实也正如此，德里达的行文始终保持着若即若离的风格，且在文中多处使用自己创造的词汇，并大量运用双关语、多义词，目的在于抵制单一的翻译形式，保持文本自身的开放性。

我们来看德里达是如何抵制翻译的。为了破除文本的封闭性和传统翻译的确定性，德里达将他自造的"延异"概念，进一步明确为以下解构策略：撒播、踪迹、替补等。德里达抵制翻译的思想就包含在这些策略之中。

（一）撒播。撒播是德里达对于延异概念的进一步扩展，它是象征书写或翻译的一种内在力量。不停地撒播是所有文字的固有功能，文字的书写就是一种撒播。正是因为文字的意义不是直接呈现出来的，而是要在延迟和差异中到来，所以文字意义的传达方式不是由确定的中心向四周辐射，如同太阳照耀行星那般。而是像农民播种一样，在土地上这里撒播一点，那里撒播一点，每一粒种子自身都分得各不相同的意义，也孕育着一个个新生命。文本的意义表达，就像撒播一样不断向四面八方散布零乱性、碎片化的信息，其实质是文本不断被瓦解和拆散过程中，文本的意义也随之变得零乱与松散。由此，任何居于中心地带的本质意义将不复存在，或者说根本就不存在文本意义的中心地带。意义处在不断的"延异"和"撒播"之中，原文和译文都是意义链条中的一个环节。

撒播不承认有某种先在的中心，也拒绝撒播之后形成新的中心，它只是标志着文本连绵不断的多样性意义，在其中不断消解文本自身，并将这一消解过程持续下去。通过这样的撒播，任何文本都宣告了自身的不完整性和断裂性。无论是别出心裁的新解，还是一不留神的误读，都成为原文不完整性和断裂性的证明。解读原文，在新的意义被发掘出来的同时，原有意义也不断在损耗。

作为解构思想的策略之一，撒播进一步消解封闭在文本中的等级秩序，破除文本具有明白无误的确定性意义，而倾向于从那些边缘地带去收集文本撒播出来的意义，最终与文本展开对话。将撒播运用于翻译，德里达认为在传统的翻译中，译者试图对隐藏于原文的中心意义进行还原和重现，但都有意无意地在原文与译文之间人为设置了一个糟糕的界限。翻译如果要完全忠实地模仿和再现文本的意义，只能让人觉得是妄想；毋宁说我们通过收集那些撒播出来的意义，去重新书写文本，以此推倒原文与译文之间的界限。原文与译文在这种书写中相遇，又在书写中分离，但两者始终保持着同路人的亲密关系。

（二）踪迹。踪迹本义是指事物或行动留下了可察觉的形迹，它意味着一个已经消失了的事物所留下的符号，成为某种东西的影子或足迹。德里达试图借助踪迹这个概念，来强调意义的不确定性和意义之间的联系。德里达认为，由于文本意义的延迟和差异，任何文本都留下了线索，它烙下了过去与未来的印迹，但绝不会通向某个固定的意义。出现踪迹，说明有某种东西确实已经过去了，但又不是幽灵般神出鬼没，毕竟它还是有意无意地留下了线索——踪迹。所以，踪迹具有指引功能，它能帮助我们一路追寻那已经离去了的东西。踪迹之所以受到人们的重视，其价值也在于此。

在德里达的视野里，踪迹没有起点，没有终点，只是永远处在过程之中。如果说踪迹有起点，那么当前、此时此刻就是起点，以此当前为中心出发追寻踪迹，乃是一种中心主义；倘若踪迹有终点，那么终点将意味着一定是到达了根源、本质的东西，可惜文本根本就没有这种本质和中心意义，一味追寻文本的中心和终极意义，无疑也是逻各斯中心主义的体现。德里达认为海德格尔就是如此，海德格尔相信踪迹是通向某种根源和本质的，相信通过事物表现出来的踪迹，我们只要一路寻觅探访下去，就能与那个曾被隐藏了的本质不期而遇。在对待文本的踪迹方面，无论是立足中心还是寻找中心的方式，德里达认为都是不可取的，应该加以消解。一条踪迹摆在我们面前，表明某个事物曾经出现过然后又消失了，如彗星划过夜空那般消逝，我们难以循着踪迹去找到那个确定性的事物。文本的意义在延迟中不断到来，导致文本所留下的踪迹残缺不全，也使得踪迹永远只是踪迹而已，而不是一条道路。不完整的踪迹又会耽搁意义的显现，就像飞机已经飞过山的那一边，我们才看到美丽的飞机云一样。

在翻译中，我们在理解原文信息的基础上，要看到原文与译文之间的相互联系。比如在翻译成语时，直译就显得太过于刻板和单调，但是沿着文本表现出来的踪迹，我们或许能找到更为生动的表达。如我们常见的用汉语"伟业非一日之功"表示英语"罗马不是一天建成的"，用"调虎离山"来翻译英文"引诱敌人离开他们的基地"，等等。

（三）替补。替补内在地包含"补充"和"替代"的双关意义，是德里达生造出来的词汇，以一进步否定文本具有的本质内涵和终极意义。德里达曾坦言替补具有的双重性：一方面，它作为一种意义的补充增加，是文本的增补和积累；另一方面，它尽管是文本的补充和附加，但它又会逐渐喧宾夺主而成为取代者。替补之所以成为必要，乃是由于文本中存在空虚和断裂，这一切的起因则是文本自身的不完善。

翻译的过程同时也是替补的过程，德里达的替补逻辑与传统二元对立的思维大相径庭，也体现了解构主义对于翻译的看法。例如，在乙替补了甲的这一事实中，两者的关系敞开的巨大空间使得确定性无从寻求：乙有可能是甲的附加、替代、补足；乙破坏了甲原汁原味的形态；乙是甲恢复自身的条件；乙是甲逐渐消逝的因由；乙既是甲的威胁也是甲的解救；等等，不胜枚举。每一种关系都可能是文本遗留下来的踪迹，翻译必须循着这些踪迹，去寻找那些撒播在各处的意义，去揭示它们之间千丝万缕的关联。

德里达对于替补的重视，意在否定那些所谓的最终根源与绝对真理。由于替补的出现，原来作为先天条件与基本概念的东西，此时都要为自身存在的理由进行辩护，或者根本放弃存在的权利，因为它们存在的依据要依靠替补才得以说明。就算存在某种终极意义，那也始终只是"在前方"，永远可望而不可即。也正是由于替补的出现，传统翻译的路线来了个一百八十度的大转弯，即译文不再忠实确定地向原文实现回归，而是折返转向那永远敞开的不确定性、替补性之路。既然不存在一个先天的前提条件，既然那些具有终极意义的绝对真理遭到怀疑，那么翻译该如何进行下去？只能是拾起原文留下的线索，并重视每一个领会原文意义的可能性。任何原文都不是完整无缺的，它们也都会留下可以追寻的踪迹，翻译的过程就是寻觅踪迹和抹平踪迹的过程，在书写的过程中撒播、替补，这种独特性决定了意义的多样性、不确定性。所以，作为一种寻找意义的翻译，就是一场永远不能打通关的、无尽版的游戏，永远也得不出最终的结论。

可以看出，德里达频繁使用延异、撒播、踪迹以及替补等似是而非、模棱两可、一语双关的词，使得仅凭一种翻译模式很难实现文本的转换，也就达到抵制翻译的效果。抵制翻译，是为了抵制强势语言的霸权。然而，德里达的目的仍然不在于此，解构才是他的真实意图。德里达的翻译及其抵制翻译思想，是为了追问并否定传统哲学体系中备受宠爱的绝对真理，也为了反思为何胡塞尔、海德格尔等人的解构努力最终还是无功而返，并以此为鉴，对追求中心的传统哲学进行解构之后自己如何才能全身而退。

德里达保持了这份警醒，在对传统哲学的基础实现釜底抽薪之后，还可以游离在其惊人的磁场之外。他所创造的延异、撒播、踪迹、替补等概念，乃是一种亦此亦彼、若即若离的概念。不过，人们对他破除中心的努力是否成功又打了一个问号：差异、多样，甚至就连解构本身是否又会成为德里达哲学本身的中心？

# 第 5 章

## 宽恕的有无之境

在 20 世纪的政治和解、文化碰撞等全球交往活动中，宽恕这个概念得到普遍使用，以至于在社会科学领域中除了公正、民主等议题之外，探讨宽恕也一度成为时髦。无疑，宽恕问题为我们打开一个广阔的理论空间：究竟宽恕有没有底线？宽恕在什么条件下才成为可能？或者宽恕根本就是无条件的吗？在集体性的罪恶与过错中，宽恕又如何才能得以做出？对此，德里达给出了一个总体看法，即宽恕的真正含义就是宽恕那些不可容忍的过错。宽恕不是交易，也无须条件，它就在种种"不可能"之中表现为一种纯粹的宽恕。对于西方伦理和政治思想而言，德里达的这一解构观念无疑是颠覆性的，但他并非要放弃所有传统，也非追求一种绝对抽象的乌托邦，而是要使西方伦理和政治观念重新获得它们的现实能动性。

## 从有始到有终

当代世界历史一度风云跌宕，尤其是两次世界大战之后，以国家、民族、政党名义进行的历史忏悔与宽恕请求，使得忏悔与宽恕话题频见报端。1970年，时任联邦德国总理勃兰特访问波兰时，在华沙犹太人死难者纪念碑前庄重下跪，为纳粹德国在二战期间对犹太人犯下的罪行表示道歉和忏悔，此举可谓震动全世界。勃兰特坦言，他是要替所有必须这样做而没这样做的人下跪。实际生活中，以个体形式请求宽恕的例子更是随处可见，无论是在囚笼之中、荧屏之上，还是在弥留之际。宽恕直接触碰到人类情感中那根最敏感的神经，也使得这一问题变得复杂起来。

在社会关系中，人有时出于自私自利或者自我保存的本能，会有意无意对他人造成伤害。同时，人性又具有向善的追求，它避免了人类社会由于自私自利而陷入"一切人反对一切人"的冲突状态。过错或伤害造成之后，也就产生了谈论宽恕的前提；只有追求向善的意愿尚未泯灭，人们才会在忏悔中主动请求宽恕。在西方文化中，人对于人、人对于神的宽恕请求无处不在。奥古斯丁、卢梭、高尔基在不同时代和国度里写的同名著作《忏悔录》，无不成为文学中的经典。

在西方，宽恕无疑与宗教文化直接相关，有着源远流长的犹太基督教文化背景。"宽恕"概念在不同的《圣经》版本中不尽一致，在希伯来语、希腊语、拉丁语中流动变化，以至于它虽然从古希腊时期就被讨论着，但一直没有形成明晰的理论传统。20世纪，在科学技术全面运用于人类生活的背景下，人类在全球范围内的互动空前加强。针对20世纪人类社会中出现的世界大战、种族迫害等劫难，人类在反省自身的同时，将宽恕问题带进了国际化的讨论视野。在西方，以勒维纳斯、阿伦特、杨凯列维奇、德里达为代表的诸多学者，都对这一问题发表过真知灼见。其中，宽恕是否有必要、是否应该附加条件、是否有底线等问题，成为讨论的核心。宽恕是涉及历史伤害和个人情感的，因而人们在决定给予宽恕时，难以绕开主观好恶与情感倾向，它们甚至贯穿在宽恕问题的理论与实践之中。但是德里达除外，他所提出的纯粹宽恕思想让我们感到耳目一新。

宽恕有没有条件？这是德里达和当代一些思想家在观点上的相左之处。以勒维纳斯、阿伦特、杨凯列维奇为代表的思想家认为，宽恕具有自身得以实现的条件和界限。哲学家勒维纳斯旗帜鲜明地摆出立场：宽恕是有条件的，并且就算是具有了宽恕的可能性条件，也不意味着自动获得宽恕。宽恕必须建立在犯错者的幡然悔悟和真心请求上，而且是否获得宽恕要取决于被伤害者。勒维纳斯认为，有罪者不请求，就没有宽恕可言。在一项宽恕的请求中，犯错者必须直面自身的过错，向被伤害者请求原谅，并采取补救措施抚平被伤害者的创伤，否则宽恕的大门永远不会敞开。1928年，勒维纳斯从法国的斯特拉斯堡大学转去德国弗赖堡大学，先是跟随胡塞尔研习现象学，之后继续留在弗莱堡与胡塞尔指定的继承人海德格尔学习。于是勒维纳斯成为最先关注海德格尔与胡塞尔的法国知识分子，并翻译了胡塞尔的著作《笛卡儿式的沉思》，其后将他们的思想引介到自己的哲学之中。然而，由于海德格尔在二战期间与纳粹具有某种紧密关系，并且在战后一直对此保持沉默，勒维纳斯在一次公开演讲中声称，人们应该以宽恕之心对待德国人所犯下的罪行，但海德格尔不应被宽恕。

在20世纪最伟大、最具原创性的思想家与政治理论家之一的阿伦特看来，人们的行动具有不可还原性，对于曾经做过的一切尤其是过错和伤害永远无法取消。宽恕的产生，是人们因为过错和伤害陷入困境的解救方法。但是宽恕是有限和附加条件的：对于无法惩罚的行为就不能宽恕，已经证明是不可宽恕的行为也不能给予宽恕。就此而言，诸如二战期间纳粹在奥斯威辛集中营的种族灭绝行为等极端恶性的罪行，既无法惩罚也无法宽恕，因为它彻底泯灭了人类的理智。与此相反，阿伦特将宽恕施予了在无知状态下所做的行为，所谓无知者无罪，给予无知者宽恕是为了矫正人们的行为，以免引起再次的伤害。

德国哲学家杨凯列维奇从惩罚的可能性来看待宽恕问题，宽恕是有条件的，也即施予宽恕存在两种条件：一是过错者进行忏悔、苦修、赎罪与自我审判，二是其所犯的过错或罪行不能超出人类情感的底线。带有毁灭性的穷凶极恶是不可宽恕的，它已经斩断了各种补救的措施和意义，永远地无法挽救与令人绝望，因此，他认为宽恕在死亡集中营也一并被埋葬。

根据宽恕的条件，宽恕绝对不能给予那些故意作恶者，但是可以施予那些肯低头认错的人，就算他口是心非。但无论怎样，人们对于宽恕问题的讨论，是在经历世界大战的硝烟弥漫之后、在种族迫害的集体疯狂之后，人类对于自身行为的道德审查。他们对于宽恕问题所作出的理性反思，将宽恕问题所承载的深层价值烘托出来。然而，理性的反思与谨慎的划界，并不意味着这种有条件的宽恕就能放之四海而皆准。有条件的宽恕思想存在着难以克服的矛盾：一方面，它强调宽恕的条件和可能性，主张有的行为是永远无法宽恕的，对于超出人类理智与情感底线的行为，宽恕将不复存在；另一方面，无论犯错者犯下何等的滔天大罪，他们又希望犯错者必须忏悔和赎罪，以求得宽恕的可能性。对于那些作恶多端、十恶不赦的人，只要后来通过忏悔请求宽恕，通过丰厚的物质补偿来减轻过错的话，那么宽恕在此就变得没有原则。因为，无论是何等罪行的过错者，只要他进行忏悔与赎罪，就算是再无法宽恕的事情也终将得到宽恕，这与大多数思想家所认为的宽恕的前提条件和最终底线相冲突。

让我们换一个角度来看，由于宽恕具有了最终底线——毁灭性的、超出人类理智和情感的行为永不得宽恕——那么随着罪恶的升级，即使到达只能诉诸死亡和毁灭才能结束罪恶的程度，宽恕却始终停留在那根最终底线上止步不前。无论锅炉如何持续高温，水的沸点顶多只有一百摄氏度；无论罪孽如何深重，宽恕最终都只能死守那根划定的底线。这样，在某种程度上罪恶就取消了宽恕的存在，但宽恕总是与罪恶联系在一起的。所以，在勒维纳斯、阿伦特以及杨凯列维奇等人看来，宽恕有始（条件）也有终（底线），不过这些主张有条件、有底线的宽恕，面临着自身难以克服的矛盾，这也就为德里达的无条件宽恕打开讨论的空间。

## 宽恕无须理由

其实，对于过错或罪恶的程度来说，哪些行为是可以宽恕的普通过错？哪些行为是不可宽恕的穷凶极恶？它们的认定并不像温度计那样具有标准尺度，而是掺杂了很多主观与客观因素。

实际上，能在多大程度上对于过错施予宽恕，与个人情感、主观好恶以及社会风俗紧密相关。比如，被伤害者和旁观者对于宽恕的态度可能会不同。有条件、有底线的宽恕，由于自身具有限度和矛盾，就难以形成一种普遍化的机制，因而很难适用于不同场合。在它由于自身的理论缺陷而止步不前之处，遭到了德里达解构式的批判。德里达立足于无条件的、纯粹的宽恕思想，在这个理论问题上开启了新的讨论视野。如何打破宽恕的条件性，取消宽恕的底线，成为德里达在批判传统宽恕理论中思考的问题。具体而言，德里达要回归宽恕的条件性本身，探讨其中多元化的因素，让传统宽恕理论因内在矛盾在动态中自我解构。

德里达首先审视传统宽恕理论中的条件性，即犯错者只要进行忏悔、赎罪和自我审判就有宽恕的可能，那些罪不可救、触碰底线的行为绝对不能给予宽恕。随后，德里达对此质疑。

第一，请求宽恕与给予宽恕之间具有某种必然联系吗？这种二元化的思维模式，是否对于宽恕本身来说具有真实的价值？如果两者之间真有必然联系的话，宽恕则只有在提出请求时才能存在。我们说，宽恕的对象是那个之前犯下错误的人，而当这个犯错者请求宽恕时，他已然不是之前犯错的同一个人，而是具有某种懊悔和良心发现，希望洗心革面重新做人的那个他。此时，宽恕的对象就发生了改变。对于这个幡然悔悟之后焕然一新的人，宽恕也就失去了它的意义。所以，唯有犯错者死不悔改、拒绝请求宽恕的时候，他才能保持自身与当初犯错时的同一性；只有宽恕的对象没有发生改变，宽恕才具有存在的意义。

第二，宽恕的衡量标准是否只存在于人类尺度的范围之内，换句话说，宽恕会不会在超越人类理智的地方存在？德里达认为，宽恕是具有超越性的，哪怕在触碰到人类理智底线的地方，宽恕依然具有施予的可能。传统宽恕理论中，将宽恕的底线设置在人类理智可以接受的限度，实际上关闭了宽恕具有超越性的大门。实际上，在具体的历史、法律、政治以及日常生活中，很多看似不可宽恕的事情，无不是以获得宽恕收场，原本水火不容的双方最终还是握手言和。也恰恰是在这种不可和解与要求和解之间，很多共同协议、政治框架、历史共识才得以达成。

在质疑了传统的宽恕理论之后，德里达详细阐发他的无条件宽恕思想。宽恕要想成立，前提之一正是某种不可宽恕的过错已经造成，真正的宽恕包含了那些在常人看来绝不可宽恕的行为，而无论犯错者是否请求宽恕与忏悔赎罪。也就是说，在导致宽恕不可能成立的诸多因素中，在无法弥补的伤害与难以抚平的情感中，宽恕恰恰具有存在的重要性。然而，无条件的宽恕，并不意味着要把被曾经伤害的痛楚忘到九霄云外。在时光不能倒流的情况下，我们没有月光宝盒那般穿越时空的魔力，不可能回到过去来矫正错误的行为。尽管如此，无条件的宽恕依然存在，并且对于无法挽回的过错进行宽恕，反倒使自己在保持痛苦中增强勇气。当一个罪大恶极的人获得了无条件的宽恕，面对自己极大的罪过与别人的无限宽容，那么他由于没有赎罪的机会而心里一直保持着罪恶的阴影，仿佛自己的罪过永远不能抹去，这种时时刻刻的警醒比补救措施更加深入内心。德里达自己曾言，如果我要做出纯粹的宽恕，我就必须无条件地宽恕你，即使你根本不要求宽恕，即使你仍然继续犯罪，甚至还要再次谋杀我。

可见，德里达所主张的无条件宽恕，是一种具有超越性的保持痛苦的勇气，其价值正是在于宽恕那些看似不可能宽恕的罪过，这样的宽恕正是超越现实才显得纯粹。在德里达看来，只有在对宽恕不进行任何规定和约束的情况下，宽恕本身的纯粹意义和存在价值才体现出来，无规定的宽恕同时也是经得起批判的宽恕。

在人类犯下重大过错与要求宽恕的时代背景下，德里达的宽恕理论印证了这个时代的某种召唤，它带给人类反思的意义，要远远大于理论自身的逻辑推敲。他力图摆脱那些为宽恕设置的条条框框，还原宽恕本身纯粹的无条件性。可以说，人们通常专注于对宽恕进行谨慎划界，德里达直接将关注焦点放在了宽恕的意义本身，以解构的方式让宽恕显露出自己原本的含义。他在以无条件的宽恕试图建立起一个博爱世界的同时，也为我们提供一种对待宽恕的超越性视角。在人们纷纷寻找宽恕的条件和底线时，德里达以纯粹的宽恕理论打破了这一思维惯性，将没有条件、没有底线的纯粹宽恕摆在人们面前。

伟大诗人歌德曾说，理论是灰色的，而生命之树常青。在纷繁复杂的大千世界之中，在有血有肉的现实生活面前，无论多么完备和自信的理论都是黯淡的，德里达的无条件宽恕理论也是如此。无条件宽恕理论也有着难以自圆其说的矛盾：宽恕只能给予那些死不悔改、决不认错的人，因为这些人一直保持着当初犯错时的秉性，而不是一个洗心革面的全新之人，那么，这种不可能的宽恕是否意味着毫无原则可言？反过来会不会取消宽恕本身？宽恕的可能性条件问题，原本是德里达反对传统宽恕理论的有力武器，同样也会反过来质问自身。犯错者现在与过去的同一性如何认定，是看他有没有进行忏悔和赎罪来区分吗？如果一个犯错者正处在深深的悔过自新中，被伤害者同样给予了他宽恕，但仍然针对的是犯错者之前的行为和状态，这样的宽恕对象能否具有同一性？它还能符合纯粹宽恕的规定吗？面对社会生活中有可能出现的多样化状况，德里达并没有一一给出明确的论证。

在人们的伦理道德领域，有时我们无论做出何种选择都不是最完美的，因为这个领域到处充满着两难抉择的状况。由于德里达无条件的纯粹宽恕观念超越了具体的伦理与道德生活，也导致了这种宽恕实际上在生活中难以实施。在宽恕问题上，无条件的宽恕不是一条具体的指导原则，而更多地散发出一种理想化的乌托邦色彩，难以在人们的行为选择上产生具体的参照性。可以设想，如果生活中某种过错与伤害已经造成，此时关于宽恕的问题便紧跟而来：对于那种穷凶极恶、令人发指的过错，被伤害者是否也应该无条件、无原则地做到一笔勾销？对于那些冥顽不化、死性不改的犯错者，我们依然对其施予宽恕的价值在何处？如果宽恕只涉及犯错者与被伤害者之间的事情，那么它将社会的法律制裁与道德谴责置于何地？要解答这些问题，需要深入宽恕思想本身，重走德里达原先走过的路线：去开辟另一种视角。

德里达将无条件、纯粹性作为宽恕的原则，实际上使得对这一问题的探讨窒息和消解了。而社会现实需要我们回答的是，宽恕何以可能？德里达曾在北京大学的座谈会上讨论宽恕问题，有位来自美国的学者向他提问："宽恕有什么好？如果一个人强奸了我的女儿，我宽恕了他，那等于纵容他去强奸我的另外三个女儿。如果宽恕的后果如此，我们为什么要选择宽恕？"德里达说："我并没有要说宽恕的好与坏。宽恕确实有可能带来不好的后果，但我的工作不是去评价它的好与坏，而是要分析我们所继承的这份宽恕遗产的悖论，尽我的微薄之力向人们揭示我们生活在一种怎样的宽恕传统之中。"那位美国学者表示不以为然："如果您所说的无涉好坏，那我们为什么要来听您讲演。"德里达无奈地回答："我也不知道您为什么来。"也许至少可以说我们有一个共同的地方，那就是对宽恕这个问题怀有兴趣，这个问题与我们都相关。

## 将宽恕进行到底

宽恕往往不仅发生在犯错者和被伤害者之间，更多的情况下涉及三个及其以上个体，这使得我们需要正视宽恕的集体性问题，而德里达对这一问题也有着自己的看法。

当宽恕成为集体性问题，它也许发生在个人、群体、民族与国家等主体之间，从而使得请求宽恕的形式扩大，如某个人向一个群体、一个群体向某个人，或是一个群体向另一个群体请求宽恕，等等。那么，人们向一个群体、民族或国家请求宽恕时，这种涉及公共领域的宽恕，是否还能遵照私人领域的原则？如果犯罪行为以集体的形式出现，我们如何来给予他们宽恕，比如主犯与从犯、教唆者与被教唆者等。公共领域的问题，不得不触动司法等公共权力。在宽恕成为集体问题之后，下列这些因素都需要一一得到明确：宽恕的请求者、宽恕的施予者、请求或施予宽恕的时间和方式，宽恕是由集体施予还是由选出的代表来施予，是宽恕犯错者本人还是针对他们之前犯下的过错，等等。德里达尽管意识到无条件的宽恕在实际生活中不能自如地实施，但对于这些问题同样尝试作出了思考。

宽恕是单方面的吗？按照德里达无条件的宽恕理论，确实有这种意味。但一般而言，宽恕需要在犯错者与被伤害者之间面对面进行，即使不是特地登门负荆请罪，但也发生在具体的双方之间，第三者、旁观者则无权代替当事人请求或给予宽恕，就算是法律规定的直系亲属也不例外。发生在私人领域中的宽恕问题，由此就游离在司法裁决等公共权力之外，如骑士时代的宽恕或决斗行为、武侠世界中的和解或复仇行为。然而，倘若宽恕没有幸存者、没有见证者，没有那种新鲜的痛楚，那还能叫什么宽恕呢？很多情况下，犯错者与被伤害者之间的宽恕场景中，夹杂了很多旁观者，宽恕在他们的见证下进行。正是由于这种旁观者的见证行为，使得宽恕也被迫推到集体层面上。

只要有旁观者在场见证，宽恕的情形就会发生微妙的变化。犯错者在请求宽恕时将承担着无形的负罪压力与舆论监督，被伤害者施予宽恕时也获得心理创伤的抚慰，甚至双方亲属与见证人的在场，都在宽恕中加强了某种承诺和补偿，同时也使得宽恕的集体性问题被连带推出来。

我们说，宽恕常常与复仇联系在一起，以至于这成为一种思维惯性。要么宽恕，要么复仇，仿佛两者生来就水火不容、势不两立。如果犯罪者拒不请求宽恕，我们可能会诉诸复仇，无论是以私人形式还是借助公共权力。德里达则认为，宽恕与复仇不是一对孪生概念，复仇是完全不同的状态，它与宽恕毫无瓜葛。宽恕只与惩罚有关，但惩罚需要涉及犯罪要件、定罪量刑、司法赦免等可计算的问题。宽恕则超越了这些问题，即使犯罪者既不悔过也不请求宽恕，我们也应当给其宽恕。德里达那里的宽恕，使我们再次看到宽恕具有高于司法与政治实践的原则，它类似于某种康德式的绝对命令。

　　当我们进一步把宽恕的集体性问题推向极端，看看对于诸如二战期间的种族灭绝等滔天大罪问题，德里达是否能将纯粹无条件的宽恕进行到底。德里达看到，人们在讨论宽恕是否可能时，是依据这么一些条件来认定的：造成的罪过无法挽回、不可补救、超出人类理智和情感的底线。所以，人们认为这些行为永不可宽恕，也不能被宽恕，甚至在此根本不存在"宽恕"这个词本身。对于二战中纳粹对犹太人犯下的罪行，杨凯列维奇等人是不承认存在宽恕的，宽恕已经在集中营中死亡。我们不能以暴制暴来对他们做出相应的惩罚，因为犯罪者与受伤害者大多都已经死亡。人们都不知道去谴责谁，找谁去进行秋后算账。所以，种族大屠杀的情况是一个永久性的罪过，它不可挽回、无法补偿、无法了断，当然也不可能得到宽恕。德里达则认为，正是在那种史无前例、惨绝人寰的罪过中，宽恕才真正存在并且具有意义。宽恕无始无终，它不存在起点和条件，也没有一个终点和完结，它总是产生于那些看似无法宽恕的地方，也就是说，宽恕只能给予不可宽恕者。如果只是为一些鸡毛蒜皮、无关痛痒的小事来施予宽恕，那不是真正的宽恕。

　　涉及这种集体犯罪或集体被伤害的行为，德里达也一以贯之地坚持自己的看法，即认为将宽恕的可能性限定在人类自身的做法，看似很有说服力，但却是目光短浅与视野狭窄的反映，因为这样否定了宽恕的超越性。德里达认为，我们不妨将宽恕的可能性抬升至人类之上，以超越人类自身的视角来观之，我们会发现宽恕的可能性依然存在。

　　既然德里达主张宽恕要超越于人类社会之上，那么是否只有上帝才能享有给予这种宽恕的殊荣？其实不然，我们也可以在人间找到类似的例子，并且由于德里达的这一视角，可以发现社会一种新型的集体政治伦理关系。最典型的例子，就是国王与总统的赦免权。宽恕与赦免，是从内涵上而言意思最接近的词，只不过后者一般运用于法律领域，且带有某种自上而下的意味。无论是在宗教色彩浓重的中世纪，还是在崇尚民主与法治的现代国家，宽恕与赦免问题都是存在的。在神权政治下或是封建王权中的君主赦免，实质是将宽恕凌驾于法律之上，无论罪犯何等的罪孽深重，就算已经确定秋后问斩，但碰上皇帝登基、国王加冕等盛事，就有可能幸运地获得天下大赦，以彰显"皇恩浩大""主佑子民"。这种王权大赦与宽恕相比带有司法色彩，但它本身又是司法秩序的中断。不能否认的是，这种表现在司法秩序中的中断或例外，证明了存在某种无条件与纯粹类型的宽恕，它超越了人类社会自身拟定出来的政治司法机制。所以，这些无限例外的逻辑，应该成为我们思考宽恕具有超越性的一个契机。

然而，康德曾从王权赦免中看到，在君主的所有权力中，赦免权是最为微妙的，许多的不公正也许就隐藏在这种赦免之中，因为它绕过或直接中断正常的司法秩序。具体而言，许多罪行并非针对君主本人，君主作为一个第三者无权代表被伤害者施予赦免，那些发生在他的臣民内部的罪行，只有作为当事人的被伤害者才有资格考虑是否给予宽恕。不料这一权力被君主所夺取，被君主代表了，这对于受害者而言就是一种极大的不公平。因此，君主若要使用作为宽恕的赦免权，应该针对谋权篡位、权臣弑君或是其他的个人恩怨，总之，应当是针对君主本人的行为。康德又谨慎地补充道，君主赦免的对象不应当对其他臣民构成威胁，如不能赦免一个丧心病狂、失去理智的杀人狂。以赦免来看待宽恕，也是如此。

看来，在传统宽恕理论的视野里，宽恕的施予者和申请者是不能被代表的。第三者永远不可能与当事人一样，因为第三者与当事人发生的罪行并没有直接关联，不能代替当事者施予或请求宽恕。有的宽恕由于当事人已经死亡而成为一个永久性的遗憾，在被伤害者已经死亡的情况下，犯错者应该向谁去请求宽恕？反正活着的人不能代表已故的被伤害者施予这种宽恕。当这一政治与理论问题遇到困境之时，德里达的无条件宽恕理论为我们提供一个全新的视角，使我们重新思考这个问题：无论何等重大的罪行，都具有宽恕的可能，因为宽恕与惩罚、审判不相干，仅仅是纯粹的宽恕而已。这一观念超越了刑法的逻辑，但又促进刑法自身的发展，如在战后出现了反人类罪的概念。在实际生活中，一种新型的集体政治与伦理关系正在建立，国际舞台上那些就民族问题、历史问题而频频出现的道歉、悔过、检讨等行为，无不如此。

在宽恕的集体性问题中，德里达对有些关键问题的回答仍显得底气不足。宽恕在集体性中也无条件地存在，那么还是那个问题：在受害者死亡的情况下到底谁作为代表来施予宽恕？德里达只能承认这是宽恕本身的脆弱之处。德里达在南非的见闻中，有一位黑人妇女在法庭控诉，声称自己的丈夫死于警察的酷刑，并要求赦免委员会和政府不能对此加以宽恕，只有她自己才可以有权选择是否宽恕。德里达就此分析，国家或公共权力无论如何都没有宽恕的权力，但它们可以通过司法审判来进行惩罚，法院受理的是司法公正问题，但法院从不宽恕，有罪就必须要量刑。这位妇女是以受害人的身份出现来要求宽恕，具有一定的合理因由。但德里达进一步对此质疑，就算这位妇女也不能获得施予宽恕的权力，因为她只是受害人的妻子，尽管她也是被伤害者，但最直接的受害者则是她已经死去的丈夫，只有他才能享有是否给予宽恕的权力。如此一来，问题又回到了原点——宽恕可以被代表吗？德里达再也没有给出最终的解决之道。

尽管纯粹的无条件宽恕逻辑在现实中遭到挑战，但德里达对现实社会保持深刻的思考却是难能可贵的。正是对这些重大的公共问题发表自己的独到见解，德里达才以当代社会的公共知识分子的姿态走在时代前沿。

# 第6章

# 不再神秘的宗教

20 世纪的西方思想舞台上，法兰克福学派以社会批判理论持久风行，而后现代主义对批判传统的执着也同样影响深远。福柯、利奥塔与德里达无疑是后现代主义最主要的三位领军人物，但随着福柯和利奥塔分别于 1994 年和 1998 年去世，批判传统的重任自然落到了德里达的肩上。德里达的解构主义以颠覆传统观念为风格，理论视角之标新立异、讨论立场之新颖奇特、思想影响之深远持续，使他本人及其理论在许多学科领域中都占据一席，诸多领域的讨论都须臾离不开德里达的相关阐说。宗教问题也不例外，德里达对宗教问题的独特见解，竟然使得当代任何一本重要的宗教与神学著作，都不能对其视而不见。正如人们普遍承认的那样，德里达也是我们这个时代最具启发性的宗教思想家之一。

# 上帝没有专宠

解构主义浪潮波及当代社会的诸多领域，使德里达在20世纪后半叶的西方思想界独领风骚，他的影响力广泛存在于法国、德国、日本与英语世界，一时间，西方人文社会科学界几乎无人能望其项背。

在西方的宗教观念和神权政治理论中，关于上帝存在的论说，一直受到来自宗教内部的笃信和外部的怀疑。在内部，宗教理论家试图论证上帝存在的不辩自明性，但却总是拿不出足以让人心悦诚服的证据，只能保持信仰的纯粹性与上帝的神秘性；在外部，这个问题一直受到质疑和批判，尤其是在近代科技革命的冲击下，人的理性似乎达到无所不能、无所畏惧的地步，宗教理论仿佛在一步步防守中退却。然而，双方争论的实质，依然是在试图论证上帝存在或者不存在，也就是围绕着有神论展开。

德里达试图为这个争论千年之久的问题作一个了断。他认为，不论是论证还是质疑上帝的存在，都将讨论的视野束缚在了"上帝是否存在"这个中心论题上。无论上帝是被人格化还是自然化，也无论是教会规定的购券赎罪还是路德宣称的因信称义，都体现出一种趋势，即宗教不能只是按照一种模式来加以解释，宗教权威也不能单纯通过论证来获得说服力，它必须从多元差异的角度进行讨论。唯有如此，才能使宗教在人类社会的普遍信仰中保持活力。只有差异，才能保持新意。

从体现形式来说，宗教是多元化的。上帝在基督教传统中既以奇迹来启示人类，也以神谕、暗示等方式来使人对其顶礼膜拜。在佛教中，僧侣可以通过吃斋念佛来达到内心的净化提升，普通人也可以在某时某刻通过"顿悟"而参透某个道理，至于宗教里那些千奇百怪的外在仪式，在世界各地的不同文化传统中更是数不胜数。所以，在这些普遍存在的差异性中，我们不能断定神已经来到某个民族的信仰中，并对这个民族加以眷顾。否则，那种认为自己民族是神的子民的过度自信，势必会排除其他民族的宗教信仰观念，从而导致宗教冲突与宗教干预。在宗教与政治、利益等因素的联合作用下，这一动向可能会引发野蛮的征服和杀戮。德里达认为，上帝或弥赛亚并不会直接就显现出来，而是永远处于一种即将来临的状态。我们不知道上帝何时会到来，但我们相信他迟早会来临，从而让我们保持一种希望来临的期待。正是因为上帝此时并未直接降临，我们就不确定他是存在于自己的宗教信仰里，还是存在于其他别的宗教信仰中。由此，其他的宗教信仰都应当值得重视，因为某种宗教文化不一定具有唯一的合法性与权威性。

我们进行一种宗教信仰活动，同时也承认其他宗教信仰的存在。其中，一种普遍的宗教宽容正在现出曙光。不仅仅是宗教，文明也是如此，包容和肯定形式多样的其他文明类型，则有助于解决当前世界范围内的宗教矛盾与文明冲突。上帝不会轻易地显现在任何一种宗教中，每一种宗教都不确定自身就是上帝的宠儿。宗教是需要有上帝的，但上帝全知全能、行踪不定，任何一种宗教都不意味着会是他唯一的住所。因此，对于不知道何时来临的上帝，我们只能怀揣信心翘首企盼，而且一直处于等待之中，甚至不惜延迟到彼岸世界、天国来世。这样一来，原本那些不同宗教理论的争吵不休，原本信心满满的自诩正统，甚至是你死我活的兵戎相见，统统都在德里达那里愣住了：所有宗教中那个万能的上帝被解构掉了，谁都不是上帝的专宠，各种宗教机会均等地迎接上帝驾临，大家共同处于企盼上帝来临的等候或寻找之中。这种情况下，搁置争议就成为明智之举，谁都不会是最终的胜利者，所有宗教都机会均等地行走在寻找上帝踪迹的途中。

由此看来，各种宗教信仰都是平等的，他们的多元性并不意味着具有高低贵贱之分。德里达否定了某个宗教的独占性地位，将所有宗教中的类似上帝的神祇推向未来，使那些

102

虔诚的人们静静等待上帝的降临。

那么，宗教中的上帝被许诺在未来显现，是否意味着德里达的宗教理论走向虚无主义呢？当然不是。论证宗教里面那个即将来临的上帝，让我们看到德里达阐发宗教理论的独特方法。关于论证上帝是否存在的方法，中世纪以来的基督教传统中，就已经开始出现间接论证上帝存在的方法。上帝是超时空的存在者，一切名词和概念都无法去定义他。对于这么一个无限和绝对的存在者，无论我们如何运用列举、归纳、描述等方法，总是不能全面完整地对他做出定义，否则上帝就被这些概念性的条条框框限制住了，不免失去了自身的绝对性。对此，我们不妨选择从截然相反的思路去认识上帝，即以否定的方法去一步步排除上帝不是什么，这样，他就不会被束缚在我们的有限规定中。退一步说，无论上帝是一个有限性的存在者，还是一个具有无限性的存在者，他仿佛一个被层层包裹的固定内核，我们不能一眼窥见其内部的状态，只能一层一层地剥去外壳，从而逐渐向内部靠拢。同样，我们对于上帝的认识，排除的东西越多，那么存留下来的真实性就越大。倘若上帝是一个无限的存在者，我们用否定的方法排除得越多，就能越靠近那些余留下来的真实；倘若上帝是一个有限性的存在者，那么待所有的否定因素被我们剔除之后，余下的就是对于上帝的正确观念。

在基督教传统中，上帝就是这个具有无限性的绝对存在者。上帝不能被我们看见，不能被我们完全认知，甚至不能被我们所谈论。与上帝相比，人类总是愚钝无知的。因此，人类一思考，上帝就发笑。凡尘之中的芸芸众生，不能对上帝具有肯定性的判断和认识，哪怕仅仅是只言片语的肯定性认识也是奢望。而从否定性的认识方式中，上帝的绝对性和无限性被体现了出来。表面上是否定，其最终实质还是肯定，无奈之中透着几分诡计。这种认识事物和定义概念的否定方式，在斯宾诺莎的哲学中已经被明确运用。

德里达对这种否定方式十分感兴趣，但他依然不赞同否定的神学，因为在他看来，无论是直接的还是间接的论证方式，都在内心预先肯定了上帝的存在，也都以肯定上帝的存在为最终目标，但这种肯定却是与上帝的无限性相矛盾的。对于一个无限性的绝对存在，怎么能做出肯定呢？就像我们根本不知道宇宙是否有边界，又怎么敢肯定宇宙的边界一定是球形的呢？

德里达认为，宗教要想成为人类社会普遍的信仰，就应该以解构的方式，将自身从各种肯定或者否定的神学思维惯性中抽离出来。这种解构式的抽离方式，一定程度上借鉴了以否定的路径去认识上帝的方法，但又与这种方法具有根本区别，他充分注重差异性而不是去肯定绝对的存在者。也就是说，对于上帝存在的论证方式，德里达对传统的直接肯定表示不屑，同时也将后来的间接肯定放置一边，而以解构的方式维护宗教宽容与期待神迹出现。解构的方式超越了宗教，甚至一度超越了上帝本身，因此，我们说德里达试图对宗教的争论作出了断。他所注重的差异性到底是什么？一言以蔽之，就是什么都不肯定。我们知道，德里达一贯致力于消解中心，如果在宗教神学中尤其在上帝的问题上作出些许肯定，那么势必会导致某种中心的存在；如果围绕着某个焦点展开种种讨论，就会在无形中证明了某个中心的存在。西方哲学传统追求某种理念的中心，宗教神学追求的中心是上帝，他们都在内心预先设定了某个中心的存在并加以肯定，即便是以否定方式去认识上帝这个中心也不外乎如此，唯一的区别只是它选择了反方向的路径而已。

因此，德里达力图避开这一关键性问题，而主张什么都不肯定的差异性。在这种差异性中，作为宗教理论中的上帝本身却什么都不是，即使上帝有存在的可能，也只是在将来的某个时刻会来临。这是一个激进的解构主义体系，传统意义上所有象征着某种中心的绝对存在者，都被纳入德里达解构主义的范畴之中而被解构，从古希腊哲学中的逻各斯到奥古斯丁眼中的上帝，从笛卡儿的"我思"到黑格尔那里的"绝对精神"，无一例外。

# 宗教何以回归

关于上帝是否存在的问题，宗教神学本来就受到不少怀疑甚至批判，而且在近代以来的科技推动下，宗教本身似乎一步步在社会生活中失落。针对这种情况，如何促使宗教回归或复兴，成为后现代主义思考的问题之一，毕竟，后现代主义并非摧毁和打碎一切，它在解构传统之中也存在着建构倾向。

在上帝被尼采宣布死亡之后，上帝的子民和追随者——人也被福柯宣布死亡，人类信仰领域便出现了深层危机，对宗教进行价值重建又成为社会的呼声，宗教需要回归人们的精神世界。那么，在消解与重建、传统与现代、神圣与世俗的历史倒错和理论交锋中，宗教如何才能回归？以什么方式回归？这是现代宗教理论必须回答的问题。在这种时代背景与理论召唤中，德里达也认为宗教回归尤为必要，并且依据解构理论对宗教的回归进行了深入思考。

在《信仰和知识：单纯理性限度内的宗教的两个来源》一文中，德里达曾表达了这样的观点，宗教回归不是回到貌似人所共知的那些看法，回到含糊其词的宗教激进主义等，否则的话，宗教回归无疑将激活新的时代危机，如文化霸权、文明冲突；或者是产生一股保守主义的复古逆流，导致对于某种确定性的一再重申，如各种终结论的出现。同时，如此这般的理解宗教回归，可能会导致宗教本身被意识形态所渗透而变质，这不仅仅会窒息宗教理论，而且在社会中也许会对许多现实行动产生误导。基于这种考虑，德里达一开始就认为，宗教回归是一种多元化的现象，宗教本身需要被彻底解构。

英国哲学家罗素曾经指出，哲学是处于宗教与科学之间的一块飞地，同时与两者具有难以割舍的关系。德里达也认识到，在现代性进程中来思考宗教问题，须臾不能脱离哲学的理性传统。在科学技术对自然界和人类社会显示出巨大能量的背景下，人类理性无疑获得了压倒性的地位，从而与宗教难免发生摩擦。以科学技术作为后援，理性试图对宗教质疑和挑战，知识与信仰之间原本紧密的关系被打破，理性以其毫无辩驳的真理将诸神灵赶下圣坛，宗教貌似在退守教堂之后还要接受理性的审视，诸多非理性的神灵则被流放到那些遥远的部落中，成为理性证明自身强大的经典教材。

在这样的不利处境中，宗教的回归之旅必定让人感到隐忧。马克思与恩格斯认为，一切宗教皆起因于生产力水平低下。宗教是人们在头脑中对尚未认识的外部力量进行的虚幻反映，在这种反映中，人间的力量采取了超人间力量的形式。当代的生产力水平已然今非昔比，人们认识世界的能力也得到前所未有的提高，这种情况下，人们是否能在理性崇拜中为信仰留下空间，或者使理性与信仰实现兼容，是一个值得认真对待的问题。德里达恰恰对此抱有极大兴趣，一边是信仰领域里的宗教，一边是理性领域里的科学，两者并非天生就是水火不容的矛盾体，而是我们人为地在两者之间划开一条不可逾越的鸿沟，以至于我们肯定一方势必就必须反对另一方。德里达认为，人们之所以对宗教和理性具有泾渭分明的态度，之所以对现代社会呼唤宗教回归表示不可思议，根本原因乃是对理性为中心的思维模式难以割舍。如果宗教回归仍然在这一思维模式下进行，那么无疑还是会窒息宗教本身。我们不妨探索另一种全然不同的思维模式，以促进这一回归之路的畅通。那就是，消解作为信仰的宗教与作为科学的理性之间的对立，只有消除这一二元对立的思维模式，宗教与理性之间才有可能实现兼容与和解。

这样，从批判和消解人类思维中根深蒂固的二元对立模式出发，德里达开始了对于现代社会宗教回归问题的理论探索。他认为，信仰与科学、宗教与理性，都属于人类认知领域的形式，两者之间本来不存在天然的对立，但是在传统的二元对立思维模式之下，人们确信一定存在中心与边缘的等级秩序，由此才导致了两者的对立。在中世纪的神学政治下，宗教占据上风以后就作为中心被顶礼膜拜，而在启蒙运动之后，宗教又逐渐遭到理性的挑战而沦落为边缘。

在作为哲学的"蓄水池"康德那里，消除信仰与知识之间的对立是一项重要任务，尽管看起来其中存在着悖论。康德认为，在人们的认知领域之中，上帝是一个无法认识的存在体，人类有限的理性根本无法认识上帝，上帝是否真的存在我们不得而知；而在人们的道德领域中，人们又事先认定了上帝存在，并将之作为评判道德生活的最高原则。此时，上帝就不仅仅是一个理念，而是一个实实在在的存在体。道德领域中人们承认自己请进来的上帝，不是知识而是一种信仰，道德生活需要我们对所信仰的上帝保持敬畏。由于人们的认知领域和道德领域分不开，导致知识与信仰、理性与宗教之间的界限也难以划清。这种道德领域的信仰，与纯粹宗教领域里那种教条性的信仰不同，它通过扩大信仰的范围保持宗教以另一种方式存在。

康德的努力带给德里达极大的灵感，道德领域的信仰从来不借助任何形式的神谕和启示，而是保持那份敬畏之心来规范我们的道德生活，这与认知领域的理性构成永不相交的两条平行线。况且，在道德领域中保持着敬畏的信仰，对于防止理性的过度膨胀具有积极意义。

依循这样的理解思路，德里达认为，无论是单纯站在宗教还是站在理性的立场，都无助于实现宗教的回归，偏袒任何一方都会刺激两者对立存在。德里达要求我们超越宗教与理性的对立，去思考两者的和解并存之道，在理性占据优势的现代社会中，也就是思考宗教如何在理性的框架内显示自身的价值。因此，宗教的这种回归，不是被消灭之后又怀旧般地被拾起，而是让自身被理性所侵占的地方显露出来。

在德里达看来，在启蒙运动与近代科技革命的推动下，理性批判与科学技术的发展势头有目共睹，而且它们在将来只会加速度地发展下去。尽管如此，它们与宗教还是具有并存的可能，我们也无法一举消灭延续千年的宗教传统。如果我们对宗教与理性进行追溯，可以发现两者是具有同源性的，都是人类认知世界的方式。由于人类认识世界的方式多元化，产生了理性（科学）、宗教乃至巫术等等，它们都以自己的方式对世界作出回答。理性和宗教就在这种共同的发源地产生出来，以各自的方式发展着，而且在发展中彼此不断地相互影响。对于人类的这两种认识方式，我们在探索未知领域的过程中，不一定非要作到亲疏有别，褒扬理性而贬斥宗教。换句话说，理性和宗教在认识世界方面仍然地位平等。在此，我们可以看见德里达关于宗教回归的策略：回溯过去探讨宗教与理性发展的同源性，展望未来给予宗教和理性平等的机会。在过去与将来之间的穿梭中，德里达破除了宗教与理性对立的二元论思想，以超越两者的视野来倡导宗教的现代回归。

然而，对宗教在现实生活中具体如何实现回归的问题，德里达并不打算作出明确的回答。他转而关注的是，在世俗化、流动性、功利性的现代社会中，在终日忙碌操劳的生存状态中，人们的精神世界究竟呈现什么危机，这样的时代处境会给宗教回归带来何种影响。

德里达认为，在我们这个时代呼唤宗教这种古老的东西，并不意味着我们对某种历史事实和历史形态感兴趣，更不意味着将宗教回归作为某种历史再现。宗教有着自身复杂和深远的历史，在宗教名义下发生的各种历史记忆，反过来也有助于认识宗教本身。某种程度上，宗教乃是以古希腊古罗马为摇篮的欧洲历史文化和政治制度的见证者，我们在宗教历史中可以见到那一时代的印迹。所以，海德格尔认为现代宗教回归的实质，是对已经发展到现代社会的宗教进行罗马式的规定。可见，海德格尔的不彻底性再次暴露出来，其眼中的宗教回归思路依然保持某种中心和本原的观念，并不知不觉在向这个中心和本原靠拢。

显然，德里达要反对这种做法，因为无论是在历史还是在文本中，去寻求宗教的确定意义都是徒劳的。我们在宗教的历史中尽管可以看到某一时代的印迹，但印迹并不表明该时代对宗教的形成发展具有决定性，留下的历史印迹证明那个时代已经一去不复返了，宗教曾经被赋予的确定意义也随之成为过去。或者说，宗教是否曾经被赋予确定意义都值得怀疑，因为历史印迹终归只是印迹而已，它并不是当时的历史本身，更不是基础和起源。如果历史印迹必须要是什么的话，它只会是敞开的多种可能性。所以，宗教倘若要循着历史印迹回归，那也不是朝着一个确定性的本原意义逆流，而是面向多元化、差异性的回归。

要在现代社会正确看待宗教的落寞与回归，就不能再纠缠于宗教是否具有某种确定性，而应跳出宗教之外去看待这一现象，并试图去解答这一系列问题：我们所说的宗教和昔日相比有什么不同？什么原因推动了宗教的嬗变？有多少事情是在宗教的名义下进行的？又是什么原因促动人们呼唤宗教的回归？正是遭遇这些理论责难与现实拷问，宗教才能摆脱它在人们观念中的束缚，摆脱某种神学意义的规定，从而展现出宗教问题的多样性和差异性。只有消解中心，才能呈现多样；只有看到宗教的多元性和差异性，才能更好地思考宗教的现实问题。

现实世界中，有多种多样的因素都在影响着宗教的功能转变。宗教最初包容着大量的科学、文化、艺术等内容，并对它们的发展和传播起了巨大推动作用。科学的发展史，在很大程度上就是各种学科门类不断从宗教理论中诞生和分化出来的历史。但是，随着科学的进一步发展，宗教对于科学的容纳能力越来越有限，科学也一直在努力挣脱宗教的束缚。我们也应该看到宗教的社会功能，比如，"原罪论"有助于提高人对于挫折与灾难的心理承受能力，"功名虚无论"有助于缓冲人与人之间的利益冲突，"因果报应论"有助于提高人对于丑恶事物的情感节制能力，等等。此外，在"天下人皆是兄弟姐妹"的理念下，宗教对于倡导和平与博爱是具有自觉性的。然而，我们也看到宗教的功能一直都在面临着危机：它或许被用来作为恢复某种价值传统的口号，或者有意无意中充当了某种文化形态扩张的帮手，或者成为被用来引发战争与冲突的幌子。

在德里达看来，面临着现代社会复杂的情形，以追寻确定性意义而来讨论宗教已经显得过时，而打破理性与宗教之间的鸿沟也似乎不够。宗教的回归或许都还不在于打通知识和信仰、理性和宗教之间的隔阂，而更重要的是看到宗教的功能正在发生何种变化，相机而动，以变化的思维来看待同样变化的现实。

## 福音即将来临

作为后现代主义重要特征之一的解构，在颠覆传统与消解中心方面的影响是如此之大，以至于后现代主义关注什么问题，该问题就面临着解构的危险。关于宗教的探讨，德里达的字眼中总是带有明显的倾向，诸如"消解宗教""宗教回归"，以及"没有宗教的宗教"，这让一部分人开始担心甚至恐慌：德里达最终是否要使宗教在现代社会销声匿迹？

我们看到，在特定的历史处境与时代巧合中，德里达对于宗教问题的关注点是宗教在现代社会的价值重建与何去何从。在这个特殊的论题上，德里达依然以其明显的解构风格，在对传统的宗教观念进行一番颠覆之后，转而以宗教回归的方式寻求重建的可能性。就此而言，人们对于他的担心和恐慌虽然不无道理，但却是没有必要的。既然德里达一贯肯定差异和多元，就不会因为宗教本身具有的传统观念而将其彻底消除，而只是尝试在不同的视野中来观照同一个问题。如果存在问题就整个推翻的话，那么哲学在德里达那里首先就荡然无存。德里达对宗教的解构并非要使它走向彻底虚无，实际上谁也做不到将宗教从社会生活与思想领域中完全消除。相反，在德里达的宗教解构话语中，我们仿佛可以看到一种神圣性即将来临，它应成为今天我们在理论话语和实际生活中看待宗教的一个路标。所以，德里达并非要将宗教从现代社会驱逐出去并赶尽杀绝，而是试图去丰富宗教的表现形式，以更好地保持它在现代社会的存在。

作为人类认识世界的一种方式，宗教主要是以获得和保持信仰来进行的。信仰中，权力、教条、神灵、图腾以及各种超自然的力量，都迫使人们对于信仰保持天真，因为其中隐藏着一个无所不能的、人格化了的上帝。可以说，在某种意义上，我们将真正的宗教信仰与理性相提并论，认为宗教实际上与理性不仅不是对立的，而且还存在共通点，只有与理性相融合的宗教才是真正的宗教。然而，这并不代表我们可以将宗教视为达到个人目的的一种手段，因为这样在一种地地道道的世俗中亵渎了宗教，歪曲了宗教信仰的神圣性，使其根本就不是宗教。海德格尔等人认为，由这种信仰产生的宗教很有问题，因为它将宗教里面神圣性的存在通过世俗之物体现出来了。所以，海德格尔主张，人们不应以世俗之物为中介，而应该直接面对神圣性，因为宗教可能就在直接的虔诚和信仰中产生。

德里达认同宗教在人们直接面对神圣性之中产生，但随后也看到了这一观念可能引起的误解。诸如圣洁、神明、崇高、绝对，这些好听的词语，只要将它们与关于宗教的东西联系起来，宗教就这么产生了？这一误解需要德里达来澄明。按照德里达的看法，作为踪迹的语言总是延迟出现的，它总是在所描述的对象消失之后才姗姗来迟。这也就意味着，无论我们用多么华丽的语言描述的那个对象，此时已经不在这里。语言符号在表达意义上总是慢半拍，我们运用语言符号来描述上帝，恰恰证明上帝此刻不在这里，我们只有等待它再次来临。所以说，宗教的回归不需要一厢情愿的复古情节，也不需要重申宗教的确定意义，而只需我们静静等待、翘首企盼，上帝就会在等待与期盼中来临。上帝已经先语言一步离去，仅仅留下语言作为寻找他的踪迹。也就是说，上帝或者救世主此刻并不在场，但他必定会突然降临而拯救我们，只是我们不能确切知道他会何时降临，唯有在此期望他即将来临。

如此一来，宗教在形式上的差异性开始显露它的价值，基督教中的上帝可以显示某种奇迹来启示人类，也可以暗示自己即将降临而使人们对他深信不疑，前者是传统宗教所确信的部分，后者是德里达在解构中呈现的另一种样式。在他看来，与其说信仰者与上帝直接相遇会面，倒不如说他们深信上帝会即将降临。肯定这种即将降临的可能性，并不意味着怀疑上帝存在，而是对这一问题持保留意见的余地。我们不确信上帝一定存在，也不能武断地认定他不存在，我们只能寄希望于他会在未来的某个时刻来临。这种希望和信仰，永远对即将降临的上帝保持开放的胸怀。只有彻底地从神秘教义、烦琐教条之中解放出来，信仰才能在现代社会中维持宗教的存在。德里达认为，上帝的降临并不以他直接显示真身为标志，也不会给我们任何启示。至此，一个问题便随之而来，我们届时如何才能知道上帝降临？这是人们从德里达的宗教思想中窥见的矛盾，德里达对此也不是很自信，一时也无法给出明确答案。因此，在他的著作中随处可见令人费解、模棱两可、相互矛盾而又几乎是抵制翻译的词语，如"非独断论的独断"，以及这里的"没有宗教的宗教"，以表示对这些问题所持有的开放态度和预留空间。

上帝不会显示真身作为降临的标志，我们也无法知晓上帝何时会降临，这种状态被德里达比喻为荒漠中的荒漠。上帝此时此刻的存在被消解了，只留下一些踪迹。既然那个抽象意义上的绝对存在被剔除了，此地只剩下一片荒漠，充满着黑暗与混沌。这片荒漠犹如罗尔斯眼中的"无知之幕"，被剥夺掉了一切的规定性；也如海德格尔那里的"林中空地"，总是有一条小径蜿蜒向前，我们在曲径通幽中如同到达一个接受启示的地方。这片荒漠总是拒斥关于诸如存在、上帝等绝对意义的规定，它永远作为一个抗拒这些规定的据点。这种从不将自身表现为某种存在的未知场地，犹如一个无法进入的神秘空间，但却象征着一种抽象的、纯洁的宗教性——一种没有宗教的宗教。

没有宗教的宗教，这一看似矛盾的说法最终的落脚点还是有宗教，这是德里达延续了康德、黑格尔、海德格尔以来的上帝观念；而在肯定宗教中又强调"没有宗教"，其实质是反对将信仰这一活动固定为某些制度化与实体化的形式。这与他解构宗教的初衷之间并不产生抵牾，解构不是一味否定和消解，在拆解中具有重建意义。这种重建的表现就是肯定那些所谓的"不可能"，也就是传统宗教理论中作为绝对存在的上帝，因为他不可能此时此刻存在但即将来临。各种具体的宗教，都只能寻找上帝的踪迹，而不可能与上帝直接相遇，因为上帝存在于所有宗教之外。各种具体宗教都为了争作上帝的专宠而自诩正统，排除异己，上帝干脆将自己从这些是是非非之中抽身出来，以更加具有超越性的形式给予人类公正与和平。德里达认为，在信仰一种即将来临的上帝时，宗教将作为人类普遍接受的文化类型而得到持续发展。德里达基于解构主义的立场，宣称没有宗教的宗教，并不是简单地取消宗教，也不是消解一切而走向虚无主义，他自始至终都以批判传统为主要目标。总之，德里达所谓的没有宗教的宗教，超越一种具体的救赎道路，它促使我们共同对即将来临的上帝保持期待和激情。

在充斥着高科技而又世俗化的现代社会中，宗教和理性的对立并不是必然的，他们之间会产生矛盾，还是因为宗教和理性各自都有一个意义中心。德里达力图消解这种中心以及由它造成的对立，以此推动两者的兼容与和解，而迎接世界的崭新面貌。在宗教的传统中，渗入了现代科技如电讯、网络、影音等传播方式，以扩大自身在现代社会的影响，并使人们增强对它的理解，这对于宗教而言是复兴和发展的良好契机。同时，从理性这方面来说，也确实需要宗教来规范自身的限度。在所谓"力量型科学"的巨大推动下，人类运用理性已经达到几乎无所不能的地步，甚至一度跨越理性自身的边界，造成了环境恶化、生态危机、资源匮乏、滥用武力等灾害。面对仿佛无所畏惧的人类理性，内含在宗教之中的和平、博爱、节制、俭朴、赎罪等精神，无疑起到有效的规约作用。譬如，所谓"人在做，天在看""举头三尺有神明"等观念，对于人们的想法和行为具有无形的警示作用。

上帝在宗教之中并不是一个必然在场的东西，他尚未来临而又即将来临。宗教的意义，就在于我们对可能来临的上帝保持着期待，就算上帝永远不会真正降临。在这样的期待中，各种具体的宗教放弃争吵，不同社会的人们放下武器，众生平等而机会均沾，那么和平与公正的实现就不再是那么举步维艰。这就是德里达在现代社会所保留的宗教性，也是他那没有宗教的宗教的价值。

# 第 7 章

## 友爱的政治学

友爱，是人类社会中的一个恒久话题。无论是在哪种文化传统中，友爱都被认为是一个美妙字眼，被古往今来的文学家、诗人、哲学家所褒扬，也被不同理论家关注。柏拉图、亚里士多德、蒙田以及尼采等人都曾对友爱展开过讨论。自然，友爱问题也进入了德里达的关注视野，并同其他问题一样受到解构的观照。德里达对于友爱的探讨，并不是就这个概念进行宏大叙事的理论梳理，德里达试图去发现在友爱的观念与行为中，是否可能存在二元论思维或是某种中心，从而使得友爱的内在矛盾和多元意义充分暴露出来。

# 距离产生爱

在希腊语中，哲学的本义就是爱智慧，即对于智慧的热爱和追求。哲学的这一本义被德里达运用在友爱的理解之中，将友爱理解为追求。德里达将友爱与哲学联系起来，认为有必要在哲学的视野里考察友爱问题，或者说，友爱问题本身就是哲学问题。

关于友爱所形成的不同论述，德里达无意去抓住某种解释体系不放，也无意在各种不同解释之间表明立场和喜好，而是将"兄弟情谊"作为友爱的经典解释模式，分析它在时代变化中的一脉相承。德里达认为，当我们去透视友爱观念的整个传统时，不难发现"兄弟情谊"无疑可以作为友爱的经典表现，但在这种兄弟般的友爱模式内部，却隐藏着这么一个观念——敌友划分和男性中心主义。不管德里达如何强调差异性，在传统观念和解释体系中，友爱在哲学、政治与伦理方面还是存在一般价值意蕴的。然而，对于在兄弟情谊的友爱模式中，存在明显的敌友划分和男性中性主义逻辑，德里达是无论如何不能接受的。同时，德里达也认为，从自然属性和德性品质上来理解友爱的做法，难免存在简单化的倾向。

在德里达看来，人们对于智慧的追求就是一种友爱。哲学就是爱智慧和对智慧的追求，这种观念从柏拉图至今都一直被人们所认同。德里达对此表示肯定，但有所不同的是，他认为人们对智慧的爱是一种保持尊重和期待的友爱，而非通过计算而对哲学进行占有，那样的爱过于激情和充满功利。友爱不应该是占有，而是不懈追求和充满期待，一直保持着爱与被爱之间的距离。我们不妨这样来理解德里达所说的友爱，不仅是距离产生美，距离也产生爱。根据这一特别的理解路径，我们对哲学有着新的认识。

苏格拉底自称自己是无知的，要认识世界必须从认识自身开始，所以也就有了"认识你自己"这一条镌刻在德尔斐神庙上的智慧箴言。只有认识到自身的无知，我们才会对这个世界充满好奇和热爱，对哲学的追求才具有前提。正如我们常说，一个盛满东西的瓶子再也装不下其他东西，要保持半瓶或者空瓶的心态，才能虚心接纳别的事物一样。从事哲学就意味着要努力成为一个爱智慧者，那么，智慧如何获得？苏格拉底认为，通过彼此的交谈和论辩，人们可以收获智慧的果实与友爱的幸福。然而，哲学中的爱智慧成为友爱的经典模式，是从柏拉图才开始形成的。柏拉图始终将爱和智慧两者联系起来解释友爱，并阐明通过爱智慧而成为智慧的人，就达到了爱的最高境界，也就是实现客观世界与内心世界的"天人合一"。正是对智慧的热爱和追求，真、善、美就在这种哲学探讨中达到统一。在柏拉图眼里，人们只有行走在追求智慧的路上，才能在其中享受幸福与和谐，灵魂也能得以朝向更高的境界提升。柏拉图的学生亚里士多德也认为，进行哲学的思考才是最纯粹的幸福，城邦的目的就是促使人们过上善的生活。

看来，从哲学的发源地古希腊时期伊始，友爱的问题就和哲学纠缠在一起，并且从那个时候以来的哲学史中，都依稀可见友爱的影子。寓居于世界中心的永恒真理，成为哲学之爱的对象，它促使现象世界不断地向居于中心的真理靠拢。真理代表着至善和完美，它像太阳一样始终向四周空间散发光芒，直接照射进每个人的内心，以激起人们对于真、善、美的热爱和追求。这种热爱和追求，在古希腊的社会观念中是如此重要，以至于居住在奥林匹斯山上的诸神中，美丽与智慧兼备的雅典娜女神的地位不亚于宙斯。为了达到真、善、美的终极真理与生命境界的提升，人们对爱欲的追求近乎迷狂，仿佛爱就是一种追求智慧的特殊活动。也就是说，智慧之爱即是哲学，爱欲就是追求智慧的内在动力。在这种由距离产生的爱中，驻足两端的分别是爱者和被爱者，被爱者一般是代表高贵、完美的人或事物，静静接受人们的热烈追求。爱就表现为爱者对于被爱者一厢情愿的付出，是一种朝向高贵和完美目标的追求。

然而，对爱欲的这种理解，却包含着德里达所要批评的因素：一是这种爱欲可能存在着等级，被爱者总是高高在上接受人们的追求，实际上是不平等的；二是这种爱欲包含着占有的欲望，它刺激人们以爱的名义去自私地占有对方，并且还具有排他性。这种爱可能变质为永远的不满足，追求就是为了占有，而一旦真正占有又产生新的追求，并将会如此循环往复下去。哲学之爱就成为追求完美的无限运动，毕竟人的欲望总是无限的，无限的欲望驱使人们不断地趋向完美。在这一无限的链条之上，哲学逐渐向那个完美的绝对真理逼近。

对此，德里达展开了批评。在他看来，哲学并非一种真正的爱，爱应该以友爱为名义进行。友爱拒绝占有的欲望，也就是我们常说的爱是自我付出，不期待丝毫的等值交换。作为哲学的友爱，也可以称作友爱的哲学。两者在西方文化传统中已经成为一对难以分割的概念，在对智慧的追求中产生友爱，在对友爱的追求中获得智慧。友爱使人们对于真理的追求几近痴狂，同时也成为人们获得智慧的基础。而作为哲学基本要义的爱智慧，则贯穿在整个哲学发展的历史之中。在通往智慧和知识的道路上，爱的激情就是疯狂。

德里达从哲学之思的意义上来谈论友爱，将哲学所具有的开放性特征显示出来。俗话说距离产生美，在德里达这里，距离也会产生爱。一旦我们将爱欲理解为必须占有，就难免歪曲了我们对于智慧的那种爱。如果爱就意味着必须占有，实际是在催生各种为达目的不择手段的极端行为，哲学的这种开放性就将不复存在。一旦哲学自认为是真、善、美的拥有者，则意味着哲学思考的末路也为期不远。因为，"绝对"就意味着"无对"，到达绝对的层次就会窒息了哲学思考本身，传统的哲学思考无不如此，一味探求那个最高的绝对真理，试图以它来一劳永逸地解决所有问题。如果对于智慧的爱被纳入友爱的行列，哲学就在这一友爱的过程中自觉追寻真、善、美。然而，哲学却不能自诩为绝对真理的拥有者，不能以"科学的科学"等名义自居而去统领其他学科。

在永远变幻莫测的周遭世界，我们不清楚下一秒将会发生什么，哲学只能以开放的胸怀去包容这一切，而非死守某种貌似具有确定性的真理。这种哲学之爱，证明了思维因时因地而产生局限性，任何哲学之思都不能穷尽知识和智慧，就连包罗万象的黑格尔哲学体系也无法做到。也就是说，哲学不能借助某种科学的价值与意义，凌驾于其他某种或全部科学之上，妄图以自己的某种知识体系对另一种或全部科学知识加以统领。人之所以不断地超越自身，是因为人通常在爱的名义下追求某种目标和理想，不断推动现实的我向理想的我迈进。但在现实生活中，这个过程未必都一帆风顺，相反却充满着痛苦。爱的对象永远都处于不可触及的前方，它促使我们不断前进却无法最终触碰它，更不能将之占有，在我们与它之间始终存在距离。例如，在情感世界中，我们深深爱慕并追求对方，却无法真正将其拥有，于是我们为此陷入深深的痛苦之中。哲学之思也无法占有终极真理，只能是以爱的名义将自身作为朝圣者，在爱的指引下一步步向智慧迈进。尽管哲学引导人们去追求智慧，但它关注的并非杂乱无章的经验事实，也非解释某种具体的爱，而是通过思来规范寻爱的向往。在爱者与被爱者之间的这段可望而不可即的距离上，哲学之思就成为一种不断超越自身的动力。

在德里达看来，不仅是在哲学中，就连政治哲学中也存在对于智慧之爱，因为哲学与政治之间的联系是如此紧密。亚里士多德就认为，城邦的目的就是使人过上善的生活。友爱在他那里就是一种使人爱智和追求幸福的德性，它既是伦理学又是政治学。友爱被视为追求明智而进行的实践活动，它作为一种智慧源自它给予对象的关注。在政治哲学中，人们通过政治活动去进行爱智慧，在于寻求志同道合的人并与之完成共同体的伟大事业。在个人的德性推动城邦的幸福这一过程中，友爱起着纽带的作用，它的纽带作用正是政治智慧的表现，也是政治智慧值得追求之所在。

对于友爱的追求不仅仅是哲学家所特有的活动，而应该是城邦中各个公民的共同追求，只有在城邦中进行对话和哲学活动，才能实现城邦生活的至善目标。这一点，构成亚里士多德政治伦理学的全部基础。可以看到，传统哲学家将友爱视为正义和责任的前提，而德里达却与之相反，将友爱视为正义与责任的结果。

在政治生活里，朋友就是政治共同体中的成员，友爱就体现为他们之间的相互承认与尊重。作为这种承认与尊重的表现，"博爱""民主"等理念就成为社会倡导的价值，满足社会成员基本的生存权与发展权即是博爱，而维护每一个公民的政治表达权即是民主。这样，每个社会成员就被纳入了整齐划一的政治生活中，他们的多样性就被平面化了。所以，我们一直追寻的友爱，其实只是一种非本原的友爱。在德里达的《友爱的政治学》中，我们常看到这么一句话：哦，我的朋友们，根本就没有什么朋友。德里达经常引用这句出自亚里士多德的话，试图强调在西方传统政治思维中，友爱观念具有不确定性，进而指出我们并没有真正弄懂友爱到底是什么，顶多只是寻见了友爱的踪迹而已。在德里达看来政治中的友爱之所以是非本原的友爱，是因为它以趋同化来掩盖差异化。

在某种意义上，德里达的友爱恰似一种心有灵犀和心照不宣。因此，友爱在哲学意义上不是占有和想象，在政治意义上不是敌友划分，在伦理意义上也并非个人德性的表现。

## 民主无条件

在政治领域与社会生活中，友爱意味着化解冲突与矛盾，以调整人与人之间关系，而这正是民主政治努力的方向。真正的友爱不仅直接关乎社会伦理，而且也具有政治意蕴，它在人与人之间、人与共同体之间构成一种联系链条，成为民主政治的伦理纽带。

民主在政治现实中有着多种意思，它既可以指一种价值，也可以指一种政体，还可以被看作一种意识形态。正如自由、平等、公正、正义一样，民主的定义也呈现出纷繁复杂的图式。亨廷顿认为，民主作为一种政体的概念可以追溯到古希腊思想家。民主的概念源自古希腊，它由城邦"平民"和"力量"两个短词组成。城邦的"平民"，可以意指生活在一个特定政体或城邦里的公民共同体，也可用来指"乌合之众""暴民"或"下层社会"；而"力量"则被视为统治，如在《政治学》一书中，亚里士多德就将力量视为"权力"或"统治"。这从词源上似乎规定了民主就是由人民来进行统治。民主化的进程并非一路凯歌高进，而是充满着曲折反复，尽管实现民主化是让大多数人趋之若鹜的政治价值，但是为什么这种追求会在现实中遇到曲折与困境呢？

德里达指出，民主之所以在现实中出现曲折与困境，是因为在对民主的理解中，我们过度强调了权力与统治的因素，而忽视了对于友爱的重视和反思。他明确指出，作为现代政治社会的一项制度，民主需要友爱这个基础。现代民主制度若想为人民的福祉提供保障，就必须以制度安排的形式，去推动人与人之间建立友爱的和谐关系。我们看到，在民主诞生与萌芽的地方，友爱与民主就紧紧地联系在一起，原始民主中的血亲关系就是如此。这种民主毫无疑问是充满友爱的，因为它只存在于具有血亲关系的同胞和朋友之中，奴隶、女人、异族和敌人就不能享受。实际上，正是基于自然的血亲关系，原始民主得以在共同体中建立起来。这种原始民主下的友爱观念，连同与之相关的公平、正义等观念，都适用于同胞兄弟范围之内。

对于资本主义民主政治在实践中出现的曲折与困境，德里达认为，必须要从资本主义民主政治制度本身出发，去寻找那久违了的友爱观念，重新建立起人与人之间的友爱关系，并以此作为民主政治的内在基础。友爱与民主具有天然的联系，民主无疑是针对人与人之间关系的，友爱在其中就显得举足轻重。根据这种友爱的政治观念，我们将民主视为政治制度固然没有问题，但它更多的是一种对于未来的承诺。虽然民主要重视友爱，但却不能将友爱视为手段和工具，否则真实的友爱就蜕变成功利的友爱，也同时损坏了友爱自身和民主政治。德里达从解构的视角来考察民主，看到友爱与民主从始而终的紧密关系，指出民主最好的表现方式就是友爱。

正如托克维尔所认为的那样，民主是一项政治制度，它虽不是最完美的制度，但却是迄今为止损害最小、效用最佳的制度。但是，什么样的制度形式才算是民主的制度？或者说，一项政治制度应具有何种要素才能称得上是民主的呢？当然，什么样的表现形式不是最终目的，因为制度不是稳固的，它可以被人为地推翻，而只有民主化的观念和思想深入人心、渗入社会的各个机体、内化为人民的政治意识才是稳固的。没有人会把民主看成一成不变的固定模式，它需要不断演化发展，最终实现自我的变革，这是它与其他政体不同的地方。因为，"历史是人民群众创造的"，不管对民主定义如何复杂、如何变迁，其权力来自人民这条核心原则却亘古不变。民主作为一项政治制度，具有自身的实现方式：自由而公正的选举制度、权力的分工与制约体制、健全的政党制度、开放的新闻舆论制度、完善的公民社会机制等等。德里达没有拘泥于这些具体的方案设计，而是将友爱作为民主实现的基础。这种友爱所涉及的对象，不仅是身边的朋友，而且还有遥远而陌生的他人，在对他们的友爱中认识自我和实现自我。

民主政治发展到今天，许多政治学家正在为其展开精致的制度设计，内容包括议会、政党、选举、官僚体系，以及"第四权力"等方面。德里达认为，这些设计对于克服民主的困境来说都治标不治本，而深入民主内部去探讨人与人的友善关系才是解决之道。因为，民主政治出现的最初原因，就是调节人与人之间的矛盾冲突，其匡扶的是人与人之间原本存在的友爱关系。正因如此，民主政治的基础是和谐友爱，而非冷冰冰的权力制衡。

在民主政治下，社会成员在获得平等权利的同时，那种理性算计的自我中心主义也逐渐滋生出来。对此，民主政治就努力在与民众的博弈中将社会联合起来，避免社会成员在私欲的驱使下，出现霍布斯所说的"一切人反对一切人"的分裂状态。无论在何种形式下，现代民主都不意味着公民向国家收回一切权力，也不仅仅是国家兑现承诺地给予公民完全的自由权，而是人与人之间自由平等、诚信友爱机制的建立。民主的内在矛盾，不能诉诸极权和暴政，只能依靠社会成员之间建立友爱关系来解决。所以，友爱不只是哲学的，也是政治学的。有了最起码的平等，我们才能谈论民主与友爱。在平等、正义、公平等价值基础上，民主着力协调社会成员独立自主与相互尊重的关系，而这就需要借助友爱。唯有如此，人们才能在实现自身独立自主与平等要求时，尊重他人的差异性。

社会成员之间的相互尊重与友爱，结果就是推动社会团结的出现，社会团结也是民主的依赖条件，因为民主运用于社会层面上，需要社会成员的认同和管理，首先是社会成员的普遍同意。民主的实现需要对不同政见者保持容忍，在利益冲突中能保持社会的整体联合，学会妥协的艺术以达到更多的政治参与。例如，在日常生活中，我们关心朋友，对他们的优点抱欣赏和学习的态度，同时我们也尊重他们在生活习性等方面的差异性，在求同存异中保持友谊。不少政治思想家以及空想社会主义者，都曾不约而同地强调相互团结的理想社会，其中充满着兄弟般的情谊，充满博爱精神。在这基础上建立的民主制度，无疑获得了理想的前提条件。倘若斩断人与人之间友爱的关系，抛弃了社会团结、集体信任和相互友爱，民主的基础就会荡然无存，社会只是一副充满冷漠、敌意和对抗的图景。就连安全这种基本的需要都得不到保证，那么人的尊严与自我实现的需要将无从谈起，社会冲突就得不到解决。因此，团结友爱、互信互助的关系，在人类从一开始面对大自然时就建立起来，它有助于人类克服和改造生存条件，并在其中协调人们的利益冲突。甚至在更深层意义上，友爱已经涉及人的存在方式，它使人在集体协作与共同防务的保障下获得相对自由，在安全感得到满足的条件下发扬自身的积极创造性。这种普遍的友爱关系，在基督教传统中可以见到，在马克思所追求的共产主义社会中也可以见到。

德里达毕竟不是政治学家，他从不为民主设计一套最佳的实现方案，它关注的是如何去反思民主政治自身。在他看来，民主政治是为了处理社会关系而出现的，它探讨人们如何在一个共同体中生活。现代资本主义民主政治中出现诸多弊端和困境，如出现多数人的暴政、效率低下甚至出现法西斯主义的怪胎，这一切都曾一度使我们困惑：民主的走向似乎逐渐背离了它的初衷。德里达并没有视而不见而撒手不管，相反，他着力倡导重建人们之间的友爱关系，以保证公平正义再次回归社会，建构一种以未来民主为目标、不断摆脱内在缺陷的民主政治。换句话说，现行的友爱和民主并不完善，德里达希望一种即将来临的友爱和民主。即将来临的民主，不希冀回到雅典城邦的原始典范，不是回归到过去的传统，而是对未来寄予厚望。因为古代的民主制总是依循一个先前给定的理念，来设计政治生活中的民主制度，并使得一切变革都围绕实现这个理念而展开。然而，实际的运行总是使得原本设计好的民主走了样。德里达则将民主的真正实现投向未来，但却不为它的实现设定具体时间表，它总是处于一种即将来临状态，以鼓舞人们对之持续报以期待。

当传统的民主形式被打破之后，以友爱为基础的民主得到肯定，但它却又总是处于即将来临的状态。这样，德里达解构了资本主义民主制度。然而，这种解构不是简单地将之抛弃和替代，而是从更加复杂与真实的角度去解析民主所具有的真正含义。解构一贯反对某种中心，提倡真实地展现事物本身的多样性和差异性。因此，解构的极致不是否定一切而达到虚无，相反却是包容多样化。对于民主政治的解构，不是对它大加鞭挞然后决然摒弃，而是以不断追问和批评来保持民主的存在；这种结构也并没有抽掉民主的合理内核，而是与民主保持着深刻的互动。德里达自己坦言：因为没有民主就没有解构，没有解构就没有民主。只有在解构中去发现民主的复杂含义，我们才能推动民主不断克服自身的困境。正是对一种即将来临的民主抱以期待，才使得解构成为可能。我们可以看到，德里达所倡导的这种以爱为由、无章可循的民主，实际上也就是一种无条件的民主。

人们最初所谈论的友爱，不管是朋友之爱还是兄弟之爱、同宗之爱，甚至上帝之爱，它们几乎都被框定在一个边界之中，地缘或血缘关系划定了这个边界。正是由于这些自然边界的存在，民主也随之表现出局限性，但民主的扩大化就会突破和超越这些边界。德里达凭借友爱来使民主扩大自身的运用范围，他认为只有不断解除人为的种种限制，民主才不至于窒息。有条件的民主，将自身禁锢在设定的概念框架之内，不管它是地缘的还是血缘的，这些都为自身的运用范围划定了边界。而无条件的民主，从一开始就将解构的因素置于其中，并在民主发展过程中承担起超越界限的义务。所以，德里达才说，没有解构的力量，就没有真正的民主。正因为民主需要不断发挥潜藏于内部的解构力量，它才在不断地朝向未来中完善自身。

可见，德里达所说的民主，主题便是无条件性，就算是以地缘和血缘为纽带的民主，也会由于内含的解构因素而自行解构。无条件的民主总是试图扩大自身的存在空间，它通过友爱的纽带去联结更多的人，从而扩大和丰富民主的运用范围。无论如何，血缘关系总是没有友爱关系来得广泛。民主的统治或管理方式，也总是需要寻找最广泛的社会基础，并进一步将血缘关系泛化和扩大，以获得更大的认同。

基于友爱观念基础上的民主，总是不断突破自身原有的界限。民主与解构不是此消彼长关系，它们都统一在现实和未来之中。但是，现实中的民主为自己设定了太多的条条框框，结果束缚了自身的运行，也使得我们不得不以即将来临的民主来解构它。在对现实民主的批评和解构时，我们不能将洗澡水和婴儿一起倒掉，解构之后的民主依然保存着传统民主的合理内核。就这样，解构的民主被纳入过去、现在和未来的历史通道之中。

总之，德里达所寻求的，是一种超越地缘和血缘的民主，它不需要功利主义的理性算计，不主张普遍性压制差异性。对民主规定得越少则对它的限制就越少，甚至一种无条件的民主就能在较大范围内有效。所以，这种民主在地域上突破了一个民族、国家的范围，在对象上囊括了社会的全体成员，已经由一个纯政治问题发展成为友爱政治的问题。

## 对他人负责

德里达在探讨问题时，总是力图摆脱特定的思维模式和话语体系，习惯于从多种视角来切入。在政治学中讨论友爱时，德里达着力阐发了友爱的伦理价值；而当在伦理学中讨论友爱时，他又注重友爱与政治的密切关系。

友爱原本属于伦理学问题，德里达在伦理学中谈论友爱时，强调了传统友爱模式对政治与生活的影响。在勒维纳斯的启示下，德里达也将友爱所产生的种种伦理规范应用到政治领域，使人们对于自身的政治行为负起伦理责任。友爱的政治尽管也是一种政治活动，但却和尔虞我诈、钩心斗角的政治权术不同，它倡导在友爱中具有伦理责任。也即是说，政治上的权力与伦理中的友爱是兼容互补的，两者并非天生就是死敌。其一，伦理学并不意味着只强调个人道德，更不意味着要脱离共同体生活。如果道德生活只强调个人道德的修养，而不对社会的敦风化俗有所帮助，那么无论个人道德达到多高境界，顶多也只是孤芳自赏而已。同时，道德的修养提升需要在共同体生活中才有意义。亚里士多德就曾经指出，人的德性只有在城邦中才能实现。对于那些世外高人而言，德性的高低与否可能会受到重视，但他们的德性对于共同体生活而言毫无价值。道德是自己的，伦理是人与人之间的，而德性同时反映了两者。团结互助、相互信赖、乐于助人这些美德只有在共同体生活中才存在。所以，友爱的伦理价值只能存在于共同体的生活之中，与政治发生天然的联系。其二，政治若抛弃伦理因素，只能沦为工具性的统治权术。社会性特征使人组成了共同体，但人的自我意识又难免引起人与人之间的冲突。在任何一个社会中，矛盾冲突都无时不在。若是人们相互攻伐，只能使自身毁灭。人类要作为一个整体延续下去，必须拟定规划和秩序来调整人们的冲突，以保障彼此过上幸福的生活。据此，政治就应运而生。然而，我们如果就此以为，政治只是消除冲突的暴力机制、利益考量的技术决策、对立各方的调解仲裁，那我们就曲解了政治的原意。德里达认为，政治不能被简单地还原为国家与社会的秩序设计问题，也不能从中剔除伦理交往关系，更不能仅仅理解为统治的权术，如马基雅维利那样。

政治是复杂而无情的，诸如监狱、法庭、警察等冷冰冰的外在表现，总是使人感到一种莫名的压迫感，它只有被伦理化才能带给人们一点心灵慰藉。政治不能忘却理性、无视道德与放逐价值，无论是从权力的角度、利益的角度，还是关系的角度去解释，其目的都是关注现实。倘若政治失去了道德情感与伦理价值，那么它就无异于失去了灵魂，而成为一旦开动就自动运转下去的机器，人不再是它的掌控者，而成为这个机器的一部分。因此，政治既需要理性计算、精良设计得以实施，更需要哲学反思、价值关怀加以提升。

现代社会总是充满着矛盾，这些矛盾在哲学上被归结为诸如主体与客体、本质与表象等二元对立的范畴。在这些二元对立的范畴之中，自我意识总是占主导地位，试图实现自我意识与外部世界的统一。那占据主导地位的一方，总是想方设法去压制和排斥另一方，由此导致社会生活中层出不穷的党同伐异、友爱缺失。这种自我意识的中心主义，不能成为建立正常社会关系的基础，因为它难以协调自己同他人的冲突，而更多地强调臣服和压制。

德里达逐渐认识到，如果只停留于自我意识的主导性，以主体的中心主义来认识现代社会关系，实则无法根本把握现代社会存在的矛盾，并使得解决这一矛盾的思路误入歧途。就算是各种对立的二元关系依然存在，也不应该是以自我为中心，而应该考虑到他人预先存在这个前提。众多无法列举和无法言说的他人，身上承载了巨大的差异性，需要我们在友爱的生命体验中去发现。因此之故，友爱涉及人的存在方式。与他人之间的友爱关系，是对生命和存在的肯定，它总是警醒我们不要陷入自我迷恋。正如马克思将人从思维之中解放出来，开启现实的生活过程一样，德里达也逐渐摆脱主体为中心的魔咒，转向了人的真正实际存在和活动。在伦理和政治活动中，人们之间的友爱敞开了广阔的理论空间：如交往、信任、理解、宽恕、正义等问题。

从伦理学方面分析，德里达指出人们之间的友爱关系是民主政治的基础，也是克服现代民主缺陷的途径。友爱事关自己对他人的责任，在共同体之中的友爱关系也推动着正义的实现。正义作为一种价值追求，对之加以理性算计和规则限制显然不可取，在取消算计和打破限制的无限运动中才得以实现。对于民主的解构所展现出来的正义，在我们对他人的责任中得到落实。在传统的弥赛亚主义与末世论中，正义具有深刻的历史渊源，它通过这种终极的承诺兑现促使人们对它产生持续追求。德里达也承袭了这种弥赛亚性，他通过解构将正义、友爱、民主等观念放在历史行动之中，将救世主的真正来临无限推至将来。这一行动的基础不是物质生产实践，而是人们获得某种正义观念，并使它逐渐打破界限而走向普遍化，以达到友爱的盛行。解构之所以具有正义性，是因为它一边坚持对传统进行批判，一边又对传统保持某种继承。在伦理学之中的解构实践，直接触碰了西方的特殊文化形式，并将隐藏在其中的友爱动力揭示出来。在共同体中，友爱作为正义的表现形式，本身就内含于人们的活动之中。马克思主义认为，人类通过劳动将自身与动物区别开来；而德里达认为，人们在共同体中的相互友爱将正义显示出来。

在人们普遍信任和相互承担责任中，友爱显示了自身的伦理学价值。人们彼此承认和相互尊重，将对他人的责任上升到人类整体的责任之上，达到四海之内皆兄弟、普天之下皆友谊的境界。友爱不仅涉及私人之间的交往关系，而且还向公共领域过渡以关切民主政治问题，它构成个人与个人、个人与社会之间联系的基础。在我们看来，这一观点尽管有些费尔巴哈的痕迹，但德里达试图以此说明的是，友爱的伦理学对于民主政治的基础性作用。正如德里达自己所言，世界是一个大家庭，作为上帝创造物的人们生活其中，他们之间充满兄弟之爱。建立友爱的政治学，要求我们在开放的友爱理念和实践下，去重建民主政治的伦理基础，并以此形成新的打破自身界限的民主政治，最终使人们获得幸福。

在德里达的友爱观念中，人们之间相互尊重、相互关爱自不待言，而为何人们也对他人负有责任呢？是谁驱使我们去接受这份责任？在由不同的他人结合而成的社会中，我们又如何负起这一整体责任？在勒维纳斯看来，每个人都是具有神圣性的，每个人都从上帝那里分到了神圣性，因而每一个他人也都是神圣的。我们由爱自己逐渐推至爱他人，进而推至爱上帝，并为每一份友爱都负起责任。对此，德里达则不以为然，他认为这完全是一种宗教性的启示，大大有违解构的精神。德里达认为，人们对于相互友爱产生幸福的追求，推动人们之间彼此负起伦理责任，并使友爱的政治在彼此负责中成为可能。否则，依据那种宗教性的启示，就必然碰到这么一个问题：谁给出了启示？答案必定是代表至善至美的上帝。对于解构的正义来说，这种绝对主义和中心主义是无论如何都不能容忍的。

可见，解构主义在实际中的运用，事关社会关系与民主政治。德里达的伦理学与政治学从来就没有明确的分界线，其伦理学的理论采取了政治学的表达，而政治学的探讨又充满了伦理关怀。然而，德里达的这一伦理–政治学探讨却打上了解构的印记，因为他眼中的解构本身乃是一项正义事业。

# 第8章

## 法律与正义

德里达对于伦理与政治问题的关注，使得解构的力量不得不波及法律问题。在20世纪80年代之后，德里达则开始重视法律问题。法律不仅与现代国家密切相关，而且也是每个人在日常生活中都不可忽视的制度架构。德里达早年就开始了对正义和法律的探讨，后来的讨论主要集中体现在《法律暴力：权力的神秘基础》《分解》与《德曼论战争》之中。

### 法律的神秘权威

法的观念在西方有着深厚的历史渊源，思想家们就曾讨论过自然法、永恒法、神定法、世俗法等形式。在现代国家，民众的经济、政治与社会生活都不同程度地受到法律影响，而无论这些法律是否公正健全。一般而言，一个社会共同体中的人们基本都能得到法律的普遍庇佑，但是，相对于复杂的现实生活而言，法律总是存在着漏洞的，某些不公正的法律甚至是恶法会对人产生严重伤害。由此，法律与正义之间有时会产生矛盾。

德里达认为，法律一般被视为匡扶正义的武器，但法律本身却是不公正的，因为法律需要某种权威作为后盾，这种权威也许是宗教的、武力的、传统的。人们要接受法律，势必以承认某种权威作为前提。德里达认为这构成法律的神秘基础，法律只是这一神秘基础表现出来的抽象形式。法律总是将可能发生的事实加以抽象而表达出来，在这种抽象的形式化表达中包含着正义的可能性，它使得法律获得被认可的机会。抽象的形式化表达是狡猾的，因为权力的拥有者总是不直接在场，却又时时让人感受到权威的存在。毕竟法律是依靠它自身的权威发生作用的，正是由于它通过抽象形式化方式表达出来，才给法官的自由裁量留下一定余地，使得他们可以"自我立法"。当然，不管法律的抽象形式化程度如何，其本身的合法性是最重要的。这种合法性应是其中确定和稳固的实质，即使它只是观念上的东西。可见，法律的合法性本来源自内部，只是由于法律自身的不完备性，才使得它不得不借助抽象的形式表达。

对法律进行抽象之后，无疑加固了它的神秘权威，也增强了它的力量，抽象之后的法律总是保持着它的距离感和庄严感。德里达认为，法律的神秘性基础就存在于法律自身之中。法律不依赖社会力量或是外来权力来成全自身，因为经济、政治、意识形态等力量早就存在了，法律只能立足于自身发挥作用。德里达主张从法的内在性出发，来看待法的神秘基础。法律的根基不是别的，它自身就是自己存在的依据，也就是说，法的根基就在于自身。这里所谓的根基，不是指法律依赖自身内部某种中心而存在，那是一种二元对立的思维。法律就是基础本身，没有什么主要和次要之分，它自己成其为自身。从事物自身去求得理解，是德里达一贯的主张。解构也不从外部打击和推翻，而是注重内部裂变和瓦解，以看清事物内在的形成机理。所以，有人认为，解构的思维可以称为一种内在性的思维。与苏格拉底论辩的方式相反，德里达不是从外部层层进入实质以最终否定事物，而是直接从内部寻找所谓的根源，检查那个作为根源的东西是否存在问题，然后从内向外地进行拆解，这就是解构的魅力所在。

然而，我们可能会有这种疑问：一切事物都依据其内部的形成演化而存在，德里达一向是反对本质和基础的，当他在解释法律内在的根据时，是否默认了这种本质和基础的存在？答案很明显，德里达解构了这种东西。无论是胡塞尔那里的"先验存在"还是海德格尔那里的"存在"，德里达都将它们视为事物内部具有自我创生和自组织的东西。别人认为事物内部总有一个基础，事物的一切发展都因它而起；德里达却把这个问题悬置起来，作为解构的对象。

至于法律的权威，它在法律产生时就自带而来，无须借助诸如宗教、武力、传统等外在因素。权威就包含在法律之中，它不是一方对另一方进行征服的结果，也不会把自身分裂为对立的主要和次要方面。总之，一切都在法律自身中得到解释，什么合法与非法的评判，对于这种法律权威都一概不适用。

正因如此，德里达认为，法律在本质上是可解构的。德里达认为法律可以被解构，并非要否定一切法律，他其实是想表明，任何法律都有自身的边界，而且也应该存在着某种边界。如果过度痴迷和滥用法律，可能在破坏法律本身效力的同时，也背离了人们通过法律匡扶正义的初衷。解构就是正义，这种可解构的正义存在于法律内部，所以法律也是可解构的。如果正义凌驾于法律之上或不在法律之中，那么正义本身就不可解构。这样一来，法律与正义并不是同质的，从神定法到世俗法，从自然法到实在法，从依据判例到依据条文，人类历史上的法律形式在不断发生变化，不仅证明法律与正义有显著差异，而且还证明了法律具有可解构性质。

德里达指出，法律是可以被解构的，它也为解构的存在提供了契机；正义虽然是不可解构的，但却表现了解构的实质。因此，正义与解构不可分离，或者说解构就是正义。在不可解构的正义与可解构的法律之间的空白地带，正是弥合法律与正义断裂的地方。即使正义在恶法中不存在，或者不见踪影，但解构之后的恶法也会产生正义的可能性。在德里达这种看似费解的说明中，我们依然可以清楚断定的是，在可解构性的法律与不可解构的正义之间，确实存在着密切联系。我们分别来加以看待：

第一，为什么法律可以而且必须加以解构？一般而言，法律条文应是最规范、最严密的文本，它旨在以尽可能完整的规范条文出现，以防止社会生活可能出现的诸多违法情况。但法律并非不可言说、没有形式的幽灵，它需要借助某种形式将自身显示出来，这种形式就是语言。语言本身是带有暴力的，这种具有暴力特征的语言表达了法律，使得法律在执行上、结果上也具有暴力性质。法律在社会普遍认可的基础上制定出来，因而具有普遍的效力，社会依据这种具有普遍效力的规范运行而显得井然有序。如果法律本身存在着解构的可能性，那么对它进行解构就成为自然而然的事情。因为解构存在于一切有可能进行解构的地方，它在任何有必要和有可能的地方进行解构。

第二，正义本身没有可解构性，但为何又与解构密切相关？诚然，正义是不可解构的，因为它意味着一种不可能的经验，然而解构恰恰要与这种不可能的经验相关，因而正义总是与解构形影不离。正义作为我们追求的价值目标，就像民主一样无法真正来临，我们不能直接去体验正义，它也总是处于即将来临的状态。解构的基本方式是面向所有的不可能性，并且将事物中的这些不可能性一一指出来。对于正义来说，解构着重指出各种非正义的情况，来说明正义之不可能真正实现。相比之下，解构却无法当面指出正义是什么，因为正义不可能直接降临。看来，德里达虽然运用解构去看待一切，但却为解构留下一些底线，比如正义就不能直接被解构，我们只能无限地接近正义本身。所以，解构不是摧毁一切的否定力量，一旦它知道自己的底线存在于何处，那么在底线之内才是它发挥解构力量的场所。现实生活中，无论法律自身表现为善良的意志，还是表现为专制的工具，它们都会不约而同地被认为代表了正义，都被贴上正义的标签，这种法律与正义之间的距离就为解构提供机会。因此，法律的解构与正义紧密相连。在法律与正义之间，解构并不依靠谁来作为它的基础，而只是对联系两者的链条进行解构，使得解构同时事关法律与正义。

无论如何，正义对于人类社会而言是美好追求。正是因为正义是人类社会历史持续的追求，德里达才指出它是一种不可能的东西，因为在他看来，人们在现实社会中无法经历正义，也从来没有经历过真正的正义。正义从来没有真正完全地出现过，它总是处于社会历史发展的前方，成为人类社会历史中不灭的理想、愿望和追求。正义也有自身的悖论：一方面，正义在本质上是不可能的，因为谁都没有见到或经历过它；另一方面，如果就连正义的表现都没有的话，又怎么会存在正义这种事情。这一悖论可能带给我们这样的理解，那就是正义使我们对它保持永恒的期待，并且我们在这种期待中逐渐逼近它，但它不会真正出现，始终处于即将来临的状态。同时，我们在这种看似不可能实现的期待中，不断地通过完善法律等社会行动，尽最大可能地为正义的实现开辟道路。

针对正义的不可能性与法律的可解构性，德里达给出一个明确的判定：法律不是正义。法律与现实社会中人的活动直接相关，是每个人都可能遇到的东西，它制定出来后需要在实际运用中反复检验和完善。同时，法律是可以理性算计的，正义则不能加以理性算计，因为算计这一思维方式仍受到传统哲学的理性思维统治。对于具有规范性的法律来说，严谨的法律条文是必须考虑算计的，因为它直接涉及法律本身的效用问题，如犯罪的确切时间、罪犯的具体年龄、起诉的时效性、量刑定罪的程度、经济赔偿，以及服刑的起始时间等，都需要精确的算计，并且由于这些理性算计的存在，法律才被视为客观的、正义的。相比之下，正义却不能以算计来体现自身的价值和效用。

阐明法律的可解构性，德里达旨在为一度迷失基础的法学寻找一个动态基础，同时也对当代法学的未来走向表明了原则。德里达在破除法律的神秘基础之中，看到了实现正义的希望。正如马克思没有为共产主义社会描绘具体图景一样，德里达也没有为我们展示正义的详细画面，因为对于德里达而言，正义就存在于每个人自身的努力中。他从不会把正义的具体内容向我们和盘托出，而只为我们规定了正义的某些特点。所以，在现代法学的价值逐渐晦暗之时，德里达却从中看到了新的价值在正生成。


## 暴力是柄双刃剑

在探讨法律的神秘基础时，德里达连带提出了法律与正义的问题，两者的关系如何定位又引起德里达的关注。西方传统自由主义思想家，以及实证主义法学家，都曾深入探讨过法律与正义问题，德里达以解构思想对这一论题发表自己的看法。

在追求民主与法治的现代国家，法律占据着崇高的地位，它往往也被认为是正义的最佳代言。正如我们看到的那样，完善而健全的法律本身就包含着对正义的追求，而正义得以实现的一般路径就是法律。德里达认为，法律虽然在一定程度上被认为是正义的化身，但它与正义是根本不同的。正义超越了法律，如果遭遇恶法的话，那么正义与法律甚至还会产生矛盾。正义之所以值得人们追求，因为它是人们相互达成一致的某种伦理关系，它要求人们超越自身利益得失对它加以维护，它不能以功利主义的理性算计来评判。

对正义而言，尽管人们无法具体见到它是什么，却在很多情况下以它作为准绳，去评判事情是否具有正义性。当我们说什么是正义之事、正义战争时，我们无法亲眼见到正义为何物，而是看事情本身是否有违人与人之间的伦理关系。不可计算性，乃是正义区别于法律之处。法律以理性算计来明确自身的规范性，由这一系列的算计来对人们的行为加以判定。而正义犹如弥散在人际关系之间的一张网，不直接以理性算计来规范人们的行为，但却处处存在于人们的伦理关系之中。所以，由于这种弥散特征，正义不受具体规则束缚，恰似一种"以无法为有法，以无限为有限"的境界。正义根本就不受什么规则限定，若需要有什么规定的话也是一种弹性的规定。德里达指出，尽管正义不可算计、无法规定，但它的实现需要由具有规范性、可算计的法律来承担。因此，法律和正义有时候又显得并非那么泾渭分明，而仅仅是形式的差异而已。

德里达认为，正义在实质上不仅超越法律，而且它从某种角度来说也许与法律毫无瓜葛。人们将法律绑定在正义身上，是为了使得法律在合法性和执行力上更有力量。实际上，法律本身就隐含了力量，甚至包含暴力。法律无疑是具有强制力的，这不仅是指立法程序的权威性，更重要的是指法律的背后矗立着种种暴力措施。法律制定出来可以形同虚设，但是它一定是有强制力作为后盾的。由于法律是一种国家意志，它的实施就由国家强制力来保障。法律所规定的权利和义务要得到实施，需要由专门的国家机关的强制力保证，如军队、警察、法庭、监狱等有组织的国家暴力。

至于法律所体现的正义，是以法律来确保社会成员的基本权利不受侵犯，保障每个人的基本权利这一最基本的正义。无论是在社会经济还是政治管理中，无论是单个人还是社会组织，人们的基本权利都不应当受到侵犯，这是最根本的正义。如果法律逐渐完善和公正，其正义的力量就得到明显体现，而暴力的一面则退居其次。

法律包含的暴力存在于实施前与实施后，前者是一种原始暴力，后者就是指法律的强制力。原始暴力需要借助法律来体现，因为它无法为自身存在的合法性提供证明，故在法律实施前这种暴力不存在合法与否的质疑，自然也不存在是否正义的判断。法律不是正义，法律的暴力又不等于强制力，看来，之前我们确信法律具有的强制特征与正义性质，在德里达这里却被各种可能的情况解构了。法律的神圣天平与庄严法槌，都被德里达归诸正义或者暴力并加以解构。在德里达看来，这种解构有利于推动社会发展。人类社会历史的每一次进步，都离不开相应的"法的精神"，法律也在紧跟社会历史前进的脚步，它在这一进程中解构自身实属正常，甚至还是必要的。我们看到，从"雷诺德诉美利坚合众国案"的辩词到"焚烧国旗案"的判决、从"米兰达警告"的产生到美国"辛普森案"的波折，每一次社会运动的兴起都为法律进步带来契机。社会变革需要人们重新思考法律的存在基础，完善法律的规定条文，进而推进法律的正义价值。

既是如此，正义如何通过变革中的法律体现出来？德里达非常关注正义的实现问题，尽管正义不会直接让我们体验到。德里达认为，正义的实现是正义本身的内在要求，为此，我们要学会去聆听和感受正义，进入正义的发源地去把握它的含义和基本要求。正义要求人们推己及人，关注他人的个体性，从而使正义作为普遍性的东西实现。正义首先是认可个体性的，但同时又关涉其他人，借助他人的话语来说话。犹如古希腊神话中作为宙斯信使的赫尔墨斯，总是向人们传达宙斯的旨意。用他人的语言说话，实际上要求我们对他人保持理解和尊重，站在别人的立场来看问题。海德格尔曾说，语言是存在的家园。借助语言来理解是人类经验的基础，为此，人们通过语言来获得相互理解，才能更好地与他人共同生活。

因此，德里达意识到，人必须拥有话语权才能成为正义的主体。没有或者丧失话语权的人，无力为正义发表看法。如此一来，正义的实现问题便被德里达转化为语言问题。在德里达所面对的"两桩公案"之一的"保罗·德·曼事件"中，德里达就借助德·曼的例子，对于正义的话语权作出过说明。德·曼是否在二战期间发表过反犹言论？是否曾经确实与纳粹具有密切联系？德里达认为即使德·曼真的发表过有关反犹的言论，那也是基于当时特定的历史背景，不代表他在二战之前或者之后仍然如此，因为话语本身具有存在的具体情况。

语言本身是流变的，它深深植根于具体的历史条件之中，正如古希腊时代没有打字机与机关枪一样。语言只是社会生活的一种要素，它在参与社会进步与历史变迁之时，又与文化、传统、事件等要素发生互动，使得自身具有特定的运用情境。语言更像是一座桥梁，一端连着逐渐远去的历史，另一端连着变化无常的社会现实，各种文化要素在桥上来来往往，不断丰富着语言自身。所以，语言不是生来就一成不变的，任何一个主题的语言都有着特定意义。如果语言这座桥梁被买断，并设置路障和收费站，那么语言的暴力就会紧随而来。

如果说马克思以"实践"为核心，对资本主义的经济暴力进行批判的话，那么德里达则是以"正义"为核心，批判社会生活中的语言暴力。德里达认为，暴力是社会生活中普遍存在的现象，如果要对之加以批判，就不能仅仅将矛头指向经济，应该超越经济这一维度从而在法律之中来进行。因为法律不像经济那样通过剥削的方式，将暴力显露无遗，法律中的暴力往往是隐性的，它以语言的形式表现出来。没有进入法律保护范围的人，受到非正义对待是难免的；就算是受到法律保护的人，也有可能受到法律的非正义对待。这种现象在生活中屡见不鲜，或是由于法律条文的晦涩不明，或是由于司法解释的独家专属，人们便遭受来自法律非正义的暴力。对于社会上那些拥有自身特色语言的少数族群，如美国早期的印第安人那样完全不懂英语的人，这一语言暴力更加明显。

如此一来，语言所导致的信息不对称性，将使正义难以通过法律得以实现，因为大众所理解的法律与法官解释的法律并非完全一致。由于这种情形的存在，使得法律需要一种专断的暴力，来对待有可能出现的质疑。德里达认为，要对法律的非正义暴力作出批判，就必须仔细审查法律制度本身，包括它在立法、执法、司法解释以及赦免特权等方面的合法性。

倘若法律只是某种暴力的制度化安排，那么在暴力一心要实现时，法律只能处于顺从的状态，所谓"欲加之罪何患无辞"即是如此。法律有可能成为暴力的工具，它在暴力的引导倾向下为暴力辩护，从这种意义上说法律并不是正义的。在德里达看来，每个伟大的妥协都建立在暴力的基础上。比如在政治活动中，当原始的直接民主被现代的间接民主取代之后，选举代表的方式其实也是一种隐藏的暴力。这样，直接民主中的暴力被弱化了，代之而起的暴力体现在代表的产生以及他们行使权力过程中。如果法律完全是为暴力服务，那么借助法律来体现自身的正义也可能是一种暴力，因为它激励人们在法律的体制内活动，进而改变法律本身。

我们以争取"八小时工作制"为例，来看正义是如何通过暴力来改变法律的。19世纪后半期，美国经济虽然得到快速发展，但工人却生活在水深火热之中，备受资本家的折磨。于是，美国历史上第一次全国性的罢工在1877年爆发。工人阶级走向街头游行示威，向政府提出改善劳动与生活条件，缩短工时并实行八小时工作制的要求。在"八小时工作、八小时休息、八小时归自己"的口号下，罢工队伍日渐扩大，工会会员人数激增，各地工人也纷纷参加罢工运动。面对工人运动的强大压力，经过几番曲折的博弈，美国国会终于被迫在一个月后宣布实施法律，落实八小时工作制。之后，在世界进步舆论和全世界工人阶级的支持下，这一项基本的权利在各国得以接受和实施。通过合法的暴力，工人们争取到了自身的权利。用现在流行的话说，是工人们在体制内运用罢工、游行等暴力形式，在法律秩序之中去改变法律。暴力并不意味着必然要采取武装斗争去拼个你死我活，但它却对现行的法律秩序具有威胁和破坏作用。所以，对于工人而言，罢工、游行这些属于正常手段，但对于国家而言，凡是威胁到现行法律秩序的，一律视为暴力。

罢工与游行可能会对政权的稳定带来冲击，会影响政府的公信力，国家依然不能取消这些权利，因为国家将这些权利通过法律的形式赋予了工人。政治学中的很多研究表明，现代国家中的政府是逐渐趋向强大的。不论是德州电锯杀人狂之类的暴力犯罪，还是"金三角"地区毒品交易的跨国犯罪，或者是"9·11"袭击那种国际恐怖主义罪行，都不足以让政府真正惧怕，因为它可以运用武力将这些法律之外的暴力加以打击和铲除。让政府真正惧怕的，乃是来自内部有组织的暴力，因为它们是在法律范围之内具有合法性的暴力，受到法律保护同时却又旨在改变法律本身。正是这种体制内的合法性暴力，反抗了法律本身，从而对于法律暴力形成自下而上的批判。德里达认为，只有这种暴力才可以称为暴力批判，它与自上而下产生的法律暴力根本不同。要对法律暴力进行批判，一定要在内部进行才会有效，而不是站在法律之外漫无目的地谩骂，或者是进行同归于尽的自杀式袭击。

在社会历史领域，如果暴力是正义的，那么它一定预示着某种新时代的到来。如莱克星顿的枪声掀开美国独立战争的序幕，攻占巴士底狱开启大革命的前奏，"阿芙乐尔号"巡洋舰炮击冬宫宣告"十月革命"的开始，等等，正义的暴力通常为新的政府和制度鸣锣开道。德里达指出，暴力无论是被谁拥有，都必须证明其使用的合法性。

总之，暴力在法律中的体现方式，决定法律是否成为正义的实现者。凡是存在法律暴力的地方，人们需要为生存而抗争；凡是存在合法的权利的地方，人们都要为承认而斗争。

158

## 解构就是正义

除了正义之外，德里达运用解构可谓是质疑一切，但为什么德里达又说解构就是正义？从解构强调差异的原则来看，正义确实是不可能的，因为正义尽可能地寻求普遍有效性。解构主义一贯反对具有普遍效力的中心，所以自然也反对正义所追求的普遍性。从后现代主义的立场看，人类社会很难形成普遍正义，因为人类社会中横亘着层层壁垒：国家、民族、阶级、阶层、性别、地域等等。德里达认为，如果正义失去了普遍性特征，那么它的存在就会受到怀疑，正义就必须为自身存在的合法性辩护，或者根本地放弃自身的存在。因此，那种轻描淡写地将正义视为某种普遍性的规定，在德里达的解构视野里是无论如何都不允许的。

既然正义的普遍性显得不太可能，那么它要如何体现出来并使自身具有意义？对这一矛盾的解决，德里达显得富有辩证意味，表现就是其差异性中的同一性思想。在正义的旗号下，人们无论是为成就事业而奋力拼搏，还是为日常生计而筹划操劳，对于不同的人来说具有不同的意义，不会存在一个权威的道德法庭，来评判人们的追求是否符合正义。在这些差异性中唯一具有共同点的是，这些事情都可能以正义为名来进行。有必要指出的是，德里达所理解的正义概念，与这个词原本带给我们的印象不尽相同，加之他对正义范畴的框定又不那么明晰，因此我们只能在他的具体语境中对其加以说明。

造成正义概念范畴不明晰的主要原因，恰恰是德里达不愿意给出正义的直接定义。如果正义可以三言两语被定义，那么这种定义难免会误导人们，使人们对之作出普遍主义的理解。德里达眼中的正义，从来不是某种中心或者非中心，它只是力图通过解构来消除二元对立的思维模式。在这里，德里达表示正义是不能解构的。正如他坦言自己往往被草率地视为解构主义者，但其实解构在他讨论正义问题时并不常用。正义不能被人们直接谈论，它不能像一幅字画那样被人们裱起来，然后挂在墙上欣赏。当我们说某种行为或者某事是正义的，等于宣告自己背离了正义，正如说出来的秘密就不再是秘密一样。当然，遵循严格的"种加属差"式的概念定义方法，我们当然也能对正义作出些定义，只是每一种定义都是一种限制。德里达并不是难以对正义作出定义，而是不想因为定义而使我们对正义的理解带来限制。

有不少人认为，德里达的解构主义在否定一切、摧毁一切的原则下，表现为虚无主义、无政府主义，而且解构主义故意对正义问题避而不谈。对于这些质疑和误解，德里达指出，解构主义并不回避正义问题，它或多或少要对正义发表看法。我们看到，德里达在很长一段时间内都较少谈论正义问题，但在1989年之后的论文如《法律暴力：权力的神秘基础》中，正义在他的话语中逐渐占有重要地位。

其实，德里达对于正义问题并非有意回避，只是较少从法律的角度切入正义问题。德里达在许多论文中都对非正义现象进行过关注，他从社会正义的人性角度，去观察现代社会中的战争、疾病、贫困、暴力等灾难与不幸，并明确指出启蒙的任务还得继续进行下去。在现代社会，人类的生存正面临着一系列危机。资源匮乏、环境恶化、粮食短缺等问题随着人口膨胀接踵而来，同时，恐怖主义、武器扩散、疾病蔓延等非传统安全威胁正逐渐凸显。在人类面临全球性挑战的背景下，这些事关人类生存发展的重大问题，使得社会公正的真正实现变得路途遥远。正如美国学者科斯塔斯·杜兹纳在《人权的终结》中说过，我们这个时代所目睹的侵害人权原则的现象，比启蒙前和启蒙之初的任何年代都有过之而无不及。

德里达认为，面对现实的不公与灾难，传统的正义理论必须要进行重释，甚至在某种意义上说正义就是解构本身。我们说过，解构并不是让人谈虎色变的字眼，它的矛头指向西方的逻各斯中心主义传统和话语霸权。相应地，解构正义即是打破现成的正义理论，对现行的正义理论质疑和批判。解构正义论旨在说明，正义作为法律的价值基础是在社会历史中不断生成的，它没有一成不变的本质和稳定牢固的结构。解构正义就是要废除传统正义理论的逻各斯中心主义，敞开正义的多重空间，这使得德里达拒绝对正义的概念作出定义。法律一般被认为是社会正义的体现，德里达才解构出法律中隐藏虚假正义。不管什么形式和门类的法律，都对某些权利和惩戒设定了界限，法律以此声称自己是在维护某种实质性的正义，需要人们的一致认可和共同遵守。然而，德里达认为，这些理由看似振振有词，但却是虚假的。

在西方思想传统中，无论是在哲学界、神学界还是在政治学界，正义都一直受到关注，它也被人们赋予丰富的意涵。正义，柏拉图认为是城邦中的人们各司其职，亚里士多德认为是政治共同体成员的德性，奥古斯丁认为就是服从上帝的诫命，而更多的人认为正义首先意味着平等。德里达认为，人们虽然无法在"正义是什么"的问题上达成一致，但在"人是享受正义的主体"这一点上却形成共识。这样的观点应该是得到多数人认同的，但德里达仍进一步对此加以质疑。任何定义都相当于给正义限定，解构试图把正义从这些五花八门的限定中提升出来。

为什么人会成为享受正义的主体，那是因为只有人才真正掌握语言。这里的语言是广义的，它不仅是人们沟通交流中的各种表达符号，还指发言权、表达权等。在人类社会之中，如果一部分人没有掌握语言，他们就无法享受正义而被忽略不计。这部分人无法在语言中被提及，无法进入法律所关注的视野。他认为，将享受正义的主体限定在人类社会，而且是人类社会中的具有语言优势者，恐怕还是显得过于狭窄。对于自然界的动植物甚至是其他万物来说，它们由于没有人类的语言而无法谈及正义。倘若它们被法律所遗忘，无法获得享受正义的权利，自然也不存在正义或者非正义的问题，因为正义的范围只存在于人类社会之中。

解构与正义相关，是因为解构可以把享受正义的主体扩大开来，也就是说，解构可以使得正义眷顾的不仅仅是人。用德里达自己的话说，解构主义者所要拓展的人的范围，准确地讲不仅仅是指成年男子，还包括女人、未成年人甚至是动物。

事实也对德里达的观点有所印证，如在美国的社会历史中，政治权利的主体范围由原先的白人，扩大至现在的有色人种、印第安人、少数族、外来移民等等。这些原本不是正义主体的人，如今获得法律承认而成为正义的主体。由此，德里达反问道，解构主义还会走向虚无吗？不言自明。在德里达看来，启蒙时期那种将人从宗教神学之中解放出来的努力，至今已经显得粗糙和过时了，我们不仅是将正义的主体赋予一部分人，而且还要将这一主体范围加以扩大。正义的基础存在于人与人、人与万物之中，解构要想成为正义的，就在于人对于人、人对于自身之外的万物具有一种责任。

责任是什么？它是一种不可算计的超越性。正是因为人身上承担着责任，才使得解构具有成为正义的可能。这种责任本身并不是正义，而只是通向正义的必然渠道。事情到了这一步，才是解构应该止步的地方。那么，在人人都在为自身的利益精打细算的现实社会中，我们都难以摆脱人性自私的本能魔咒，又凭什么要对他人负起责任？马克思的哲学首先对这一问题进行了回答。马克思认为，人同其他的物种一样，都是依赖自然界而生活的，这是人的自然属性。然而，人更重要的是作为社会的存在物。一方面，社会关系规定了人的本质，因为人的每一种本质力量都需要通过一定的社会关系表现出来，有了与之相应的社会关系，人的本质力量才能成为现实。另一方面，人的社会关系要实现出来，只有借助于人的活动。人的丰富的、全面的本质，只有在物质生产的社会性活动中才能展开。越出单一个体的范围，人在社会中又作为类存在物，从类的角度说，不是单个人的抽象活动，而是人类在社会中的共同活动才能实现人的本质。据此，德里达认为，我们对他人的义务不可推卸。这里的他人，是自身以外的万物的统称，是一种大写的他人。德里达在《死亡的礼物》一文中指出，我与他人是相互依存的。自身与他人之间构成一种关系，责任和义务就在其中产生。德里达认为，我们一旦进入这种关系之中，与他人进行语言交换、表情沟通、心理暗示等活动，伦理上的责任感就随即产生。

德里达还从另一个角度指出，我们为他人承担责任，其实也是为自己负责。我们犹如被上帝遗弃的孤儿，生活在绝对的孤独之中，处于无家可归的状态。我们不知道自己来自何处，也不清楚我们还能期待些什么，我们的抗争显得那么微不足道，他人的存在好像无须理由。我们的生活必须自己来承担，而且每个人都如此，为了获得承认与归属。

在分析了解构如何才能成为正义、正义与法律、正义与语言、人对于他人的责任之后，德里达解构正义思想的轮廓大致展现出来。

其一，正义在特定的语境中逐渐生成。德里达对于正义的认识不是遵循知识论的路向，而是采取生成论的路向，也就是说，他不是着力去回答"正义是什么"，而是努力思考"正义如何才会成为可能"。这种思维方式转换的背后，是哲学已经发生的变革。正义是具体的、历史的，不存在一种超脱于社会形态与历史条件的永恒正义，它在各个时期人类的实践中持续更新。正义无定法，它不能被定格在柏拉图哲学中的"各司其职"、亚里士多德的"德性"、奥古斯丁的"上帝诫命"等约束之中。如果依照一家之言来定义或者理解正义，就限制了正义本身具有的多样性意义。所以，德里达的正义是不受限制的，它总是面向未来而存在，不会直接存在于此时此刻。这种不会立即出现的正义终归会到来，只是我们需要保持期待，也许，为实现正义而进行的努力本身就是正义。

在政治与法律中，正义都意味着良性变革的结果，正义对政治、法律发展起了一定的推动作用。正义作为法律追求的最高目标，成为区别良法与恶法的标准，它始终是法律进化的精神动力。不管是形式的正义还是实质的正义，都指向了社会财富、资源、责任、义务分配是否公平和正当。

其二，未达成的正义对解构保持着呼唤。自启蒙以来，人类通过不断完善法律的形式，体现了对正义的种种诉求。正义不是别的，正是这些持续的呼唤，它们是不能被解构的。德里达说，解构就是正义。换句话说，不可解构的正义需要在可解构性的法律之中得以实现。因此，正义是一种解构的可能性。在特定的社会历史条件下，社会成员呼唤的正义都具有时代特征。如果这种持续的呼唤得不到回应，解构就会使社会成员去开发自身的力量，促成他们以自下而上的解构行动，迫使正义逐步来临。正义的边界并非固定不变，而是持续变动的；正义的结果并非立即显现，而只留下行踪。这样，将正义视为一种变动和行踪，正义就进入了解构的视野。在这一对关系范畴中，正义为解构提供了表演的舞台，也将解构的思想纳入自身；解构的行动就是正义，一种及时的正义。如德里达解构民主一样，正义也可望而不可即，我们尽管可以对正义保持愿望、要求和期待，但是它总是不会立即出现，永远将自己放在不远的将来，在生活的前方。

德里达认为，启蒙时期产生的正义思想，在我们这个时代被耽搁和延误了，我们都没有兑现那真实的正义。在我们的时代，所有关于推进正义的思想都应该珍惜和加以挽救，不管它是马克思主义的还是自由主义的。因为，当解构被深入地推向极致之时，显然其已是强弩之末而无法再进行下去，而恰恰在此时它却打开了广大空间，任何其他的努力都可以在其中得到发展，以增强正义实现的可能性。

最后，正是基于以上两条原因，正义始终要求我们对大写的他人保持不可懈怠的责任。正义总是不会直接显现在当下，它是一定社会历史条件下的偶然。正义的变动不居，使得我们无法把握它此时此地是否存在，它以反抗决定论的内在冲动，超越了具体的法律规定与理性算计。然而，如果就此认为正义将自身游离于政治与法律之外，则是对它的巨大误解。正如德里达认为的，如果人们连正义都不需要的话，那么真是彻底地无药可救了。

所以，我们对他人的责任永远存在，我们就在一种不可能性之中去体验正义的到来。就正义实现的渠道——法律来说，它在很多情况下往往以正义为名掩盖了暴力本质。在此，法律是统治阶级暴力统治的工具这一马克思主义的观点，无疑被德里达所借用过来。正义的实现，就表现为一种暴力对于另一种暴力的反抗，区别只是自下而上还是自上而下。在人类理性高扬的时代，正义总是被湮灭在林林总总的法律之中，因而，激励弱势群体为承认而斗争，乃是德里达解构正义论的价值诉求。

# 第9章

# 德里达与马克思主义

　　世纪之交的德里达，对于现实社会中的政治问题尤其关注。他在生命的最后几年，还重点思考欧洲共同体的理想与未来，探讨民族主义重新抬头对欧洲政治格局的影响。在1993年问世的《马克思的幽灵》中，德里达提醒世人，尽管马克思已经离我们远去，马克思主义在现实中也遭受巨大拷问，但当代世界的基本状况仍然需要我们坚持马克思的精神，尤其是马克思对于社会的批判精神。因为当今世界的普遍贫困在两极分化中加深，罪魁祸首乃是国际资本主义对于世界市场的统治。在当代世界呈现出来的普遍问题面前，人们的精神危机日趋严重，我们有必要恢复马克思彻底的批判精神，以便严肃地对待资本主义统治下人类面临的普遍问题。

# 马克思的幽灵们

德里达不是一个马克思主义者，但坚持马克思的批判精神是他的可贵之处。在德里达的众多著作中，《马克思的幽灵》是他的思想与马克思主义直接相关的一部。在这部书中，德里达对于传统的政治观念进行了解构，以此批判现行的资本主义自由民主制度，并在政治哲学视野中思考民主的未来。同时，在运用解构理论反思现实政治制度的过程中，德里达对于马克思主义何去何从也作出了自己的思考。在这一过程中，德里达既激烈地批判当代资本主义，又自觉地防止自身走向马克思主义的立场。尽管他绝不认同马克思的某些思想，但却自认为秉承着马克思的批判性遗产，甚至在某些方面他还更加激进地高扬马克思主义。

20世纪90年代初的东欧剧变之后，马克思主义所指导的现实运动在实践上遭受重大挫折。一时间，对马克思主义的批判和反思也接踵而来，西方世界的思想家们在这个问题上基本表现为三种态度：一是有批评，无认同，与马克思主义水火不容、难以共存；二是无批评，也无认同，保持沉默但自觉划清界限；三是有批评，也有认同，保持公正立场或暧昧关系。在这种时代背景与思想交锋中，德里达对马克思主义在批评中保持认同，势必同时遭受来自马克思主义理论阵营内外双方的批评压力。

在马克思主义理论阵营内部，有的马克思主义者就对德里达发起抨击，认为他将马克思主义视为不死的幽灵，无视马克思主义在改造世界历史方面的功绩，也抹杀了马克思主义阶级斗争推动的社会变革，因此认为德里达是不折不扣的反马克思主义者。而在马克思主义理论阵营之外，德里达也同样遭到质疑。有的批评者认为德里达运用解构理论，试图与马克思主义握手言和，至少是想走一条独立于左翼和右翼的第三条道路。面对这些批评与质疑，德里达却泰然处之，他坚持认为，是不是马克思主义不能仅凭批评者的三言两语来判定，而是要明确在何种意义上，称作马克思主义的东西才名副其实。其实，作为一个富有个性、特立独行的思想家，德里达不需要站队，无论是何种理论都存在被他解构的可能，当然也有被他批判的可能。可以说，德里达尽管不是一个马克思主义者，但他也并非马克思主义的敌人。德里达自己曾坦言，我从未打算与马克思主义或马克思主义者开战。关于他和马克思主义的关系，比那种非此即彼的敌友划分更为重要的，是要考察他对马克思主义是否作到公正评判、是否可以呈现马克思主义的当代价值、是否继承马克思某方面的遗产，以及如何思考马克思主义的未来。所以，德里达不是将马克思主义作为批判对象，他的理论也无须通过反对马克思主义来进行炒作，他真正要作的是秉承马克思的批判精神，在思考当代世界的危机中丰富马克思的思想遗产。

首先，德里达认为马克思主义并没有在当代终结。德里达将马克思主义视为幽灵，即一种永远不会死去的东西，幽灵存在但不直接显现出来。马克思主义就保持着这种幽灵化的在场状态，它的一些作为外在形式的具体观点，如今看来显然不合时宜，内部的某些理论诉求也受到现实的挑战。然而，马克思的批判精神却是超越时代的，我们今天依然需要将马克思的批判精神自觉地据为己有。在德里达看来，批判精神与人类解放这两个方面，是马克思留给我们的最重要的思想遗产。在人们从生产到日常生活都遭受异化的现代社会，从这两个方面去重新发现马克思依然具有现实意义。在追求现代化的征途中，人类为理性付出了巨大代价。可以说，我们一直在为之付出的现代化事业，另一面有可能是理性的牢笼。就像加拿大哲学家查尔斯·泰勒所认为的那样，现代性给人类带来了隐忧——"意义的丧失""目的的晦暗"与"自由的铁笼"，人类的自由就在三个隐忧中经受考验。针对人类当前的生存境况，德里达明确指出，马克思的精神尤其是他的批判精神在今天依然尤为重要，只要坚持这种批判精神，那么我们无疑都是马克思主义的继承人。

我们要接受马克思的思想遗产，前提是要对马克思进行反复阅读与认真讨论，而不是将其作为意识形态一味拒斥就事不关己，那将是一种哲学与理论方面的懒惰和错误。就此看来，德里达并非像一些庸俗的反马克思主义者那样，没有深入马克思就加以批判。德里达的看法是建立在对马克思进行认真阅读基础上的，这是一种负责任的学术态度。解构理论，也体现了马克思的批判精神。在对当代社会保持批判方面，解构与马克思的批判精神具有契合之处。虽然资本主义制度在启蒙运动以来成为普遍的政治设计，但这距离自由民主的真正实现还很遥远，人们仍然没有获得启蒙所承诺的自由、平等与民主。情况更糟的是，启蒙所张扬出来的理性，要么逐渐成为统治人们的外在力量，要么越过自己的边界而给人类与自然带来灾难。当代社会仍需要保持批判精神，当代人也同样需要自我解放，共产主义作为人类社会的理想仍具有现实意义。所以，不管我们愿意与否，只要我们对于当代社会保持着批判与反思，都不可推卸继承马克思的思想遗产的责任。

其次，德里达认为马克思的思想遗产是开放的。在德里达看来，马克思不止具有一个幽灵，还有很多个幽灵。有鉴于此，他的那本著作有时也被翻译成《马克思的幽灵们》。

173

在以苏联为代表的正统马克思主义看来，马克思主义由哲学、政治经济学与科学社会主义三部分有机构成，这已被我们所熟知，甚至被视为教科书的解释模式；在法国哲学家布朗肖特那里，马克思主义也需要在哲学、政治革命与科学知识三个层面得到理解。布朗肖特指出，马克思主义的这三个层面需要统一起来，因为它们是相互分离和相互独立的。对马克思主义的这些理解模式，德里达表示不认同。他不主张将马克思主义分割为几大块，然后再进行统一组装，因为那样将导致一种总体性和同一性的产生。

德里达指出，马克思的遗产是开放性的，马克思主义所表现出来的多副面孔都具有彼此的差异性。只有重视这些差异性，并且通过差异的多样性来理解马克思主义，我们才能真正领会马克思主义的实质。那种对于马克思主义进行僵化理解的做法，毫无疑问只能是死路一条。在马克思主义创始人那里，理论形态的成熟定型绝不意味着一劳永逸地解决所有问题，他们也没有义务为后世的社会历史发展给出明确答案，而是为之建立一个值得追求的价值体系。在这种价值体系的引领下，思想与现实、文本与实践之间必须进行对话，并在物质生产实践活动中获得统一，于思想上和实践上推动人类历史的进步。马克思主义不是僵死的理论教条，而是开放的科学与真理体系，自我批判、自我更新的精神是马克思主义的生命源泉。由此，对于多样化的马克思主义来说，其继承人并不仅限于那些所谓正统的马克思主义者。

马克思主义的视野向历史敞开，在不同的时代需要被赋予新的生命力。我们都不是历史的旁观者，不能站在历史之外或历史之上"神目观"地看待历史，因为我们本身就置身于历史之中。相信历史事实可以独立于我们的解释之外，这本身就不是事实而是幻想。人创造着历史，哲学关注人的历史活动而使自身成为一种历史性的思想。马克思主义作为一种改造世界的力量，旨在将时代深处中人的历史能动性揭示出来，那么，历史就不再是一些僵死事实的汇集，也不再是人们的想象活动。西方马克思主义者为什么能一度引领理论风潮，并且余波荡及至今？源于他们对当代社会现实有着独到的领悟与洞见。可见，唯有切身进入现实生活之中，成为历史的主人，我们才能更好地继承和发扬马克思主义。因此，马克思的思想遗产不是一种赐予，而是我们责无旁贷的历史使命。在人类的当代处境中，继承马克思的批判精神，不是对新世界秩序下的奴役采取激进批判和拒斥态度，而是要追求实现人类的某种解放。

既然马克思主义是人类共同的思想遗产，那么，任何人都不能宣称对它专属所有。对于那些自诩为真正的马克思主义者来说，马克思主义成为他们专享的一亩三分地，他们可以号称对马克思主义拥有权威解释权，甚至好像手里紧攥着真理的钥匙。德里达对这种血统关系或门派之见表示不以为然，他不会宣称自己是马克思的继承人，也不会宣布对于马克思的遗产具有专属权。因为在他看来，马克思不止具有一个幽灵或精神，人们从很多方面都可以成为马克思的继承人，不管他们是否意识到这一点。更确切一点说，德里达是马克思思想遗产的一个既忠实又不忠实的继承人，他牢牢把握马克思的批判精神，却不拘泥于马克思的某些具体观点。德里达深信，将马克思所关注的问题引向当代，运用马克思的思想遗产去思考和解决当今世界的新问题，比中规中矩地继承马克思的具体理论观点更有价值。同时，在这一过程中，马克思的思想体系中那些过时的方面需要被解构掉。

那么，德里达是如何具体对待马克思的思想遗产的？关注现代世界的政治民主，是德里达的一个重要切入口。从探讨友爱与政治民主的关系出发，德里达分析现代民主政治的弊端在于歪曲的友爱模式，并强调要在全球化背景下重塑这种友爱模式，最终推进民主范围的扩大化。在德里达看来，历史的进步不取决于社会经济按照客观规律的发展，也不取决于人们通过暴力革命夺取政权的活动，而在于人们之间彼此友爱和相互承担责任。欧盟的发展让德里达看到民主在未来实现的契机，他提出要超越民族国家的范围追求世界的民主化，无疑使得民主事关他人、共同体与全人类，以使得全人类的解放成为可能。德里达认为，若将民主仅仅视为某种具体的程序设计，或是为了权利而进行的政治斗争，那就将民主简单化了。其实，民主的问题与历史传统、现实状况以及未来理想密切相关，它不仅仅是技术的程序安排问题，而最重要的就是拥有伦理价值和社会理想。普遍的友爱关系，就是民主的伦理价值与社会理想的具体落实，当代社会的诸多国际问题、文化交流与冲突、人类共同面对的生存与发展问题等等，都需要在普遍的友爱关系基础上得到解决。德里达也继承了马克思思想的实践性，他认为民主的理想和价值就存在于人们的现实活动中，它从来不是抽象的，而是实践的。

从德里达对待马克思的思想遗产的态度中，我们可以清楚看到，解构就是马克思批判精神的体现。德里达不是一个马克思主义者，但他既没有对马克思一味否定，也没有对马克思顶礼膜拜，而是致力于将马克思的批判精神引向当代世界，以解决当代社会人们所遭遇的重大现实问题。


## 我们都是继承者

在 1989—1992 年间，国际格局因冷战结束而发生了重要转变，社会主义阵营在东欧剧变的沉重打击下解体，资本主义席卷全球并且貌似要一统天下。在如此复杂的历史背景下，美国学者弗朗西斯·福山的《历史的终结与最后一人》问世，并充满乐观地宣称资本主义即将在全球取得最终胜利。福山在该书中指出，20世纪最后二十年间，强权政府在从拉丁美洲到东欧，从苏联到中东和亚洲的广大空间里大面积地塌方，但自由民主制度却始终作为唯一一个被不懈追求的政治理想，在全球各个地区和各种文化中得以广泛传播。

当以福山为代表的各种终结论甚嚣尘上，仿佛为人类带来理想社会的福音之时，德里达所发表的《马克思的幽灵》对此无疑是当头浇了一盆冷水。德里达坚持马克思的批判精神，认为福山等人所谓的新世界秩序是一种自我安慰，因为尚有无数人生活在暴力、歧视、饥饿与压迫之中。德里达指出，现在还不是我们为历史终结而尽情欢呼的时候，盲目的狂欢只会蒙蔽我们的双眼，使我们对那些深重的苦难视而不见。社会任何一点的进步，都不允许我们无视这样的事实：在地球上还有如此之多的男人、女人和孩子在受奴役、挨饿和被灭绝，在绝对数字上，这是以前从未有过的。在德里达看来，自由民主制并非人们所推崇的那般万能，它在实际运行中面临着许多困境，这些困境在全球化过程中显得尤其雪上加霜。失业、无家可归者、移民、贫富分化、军火工业和贸易、核扩散、恐怖主义、种族冲突等瘟疫还没得到有效解决。这些紧要和迫切的问题，横亘在民主社会的理想与现实之间。若自由民主体制和民族国家对于这些问题束手无策，现存制度与秩序就会遭到人们质疑。德里达相信，正是资本主义统治世界市场，才使得当今世界的普遍饥饿与贫富分化显得触目惊心。虽然时过境迁，但是马克思对于资本主义所作的批评，在今天依然有效，因为资本主义无论发展到何种程度，其实质仍然没有根本改变。

众所周知，马克思对于资本主义的批判遵循着严谨的逻辑。马克思以商品这一基本元素为出发点，去剖析资本主义生产的具体运作方式，将资本主义的产生与发展揭示出来。同时，指出资本主义社会中存在的异化和矛盾，分析由矛盾推动社会发展变迁的规律和途径，最终为人类解放自身指明方向。相比较而言，德里达对当代资本主义的批评，并没有展示如此严密和宏大的逻辑结构，为此德里达曾遭到不少批评。有批评认为，尽管德里达指出资本主义社会秩序下正在蔓延着致命的瘟疫，却没有深入它们赖以生存的现实土壤进行剖析，所以德里达也无法拿出最根本的解决之道。也有批评认为，德里达虽然以批判精神来审视当今资本主义社会，但其批判的方法却与马克思根本背离，因为德里达抛开对现实状况的科学分析而去追求所谓的新国际，其批判理论的逻辑散发着青年马克思的人本主义色彩。

面对这些责难与批评，德里达以友爱的政治学作出回应。作为体制外的哲学家，德里达一直试图以颠覆语言的既定结构来冲击政治权力系统。德里达以解构理论为工具，对政治传统与社会现实进行解构，对资本主义宣称的民主、自由、博爱、公正等概念进行政治学上的拆解。其中，友爱的政治学就是德里达批判社会现实的一个重要维度。德里达认为，概念历史问题与兄弟中心论问题，是解构的两个主要问题，而友爱问题即是这两大问题的一个导引。德里达《友爱的政治学》一书，被认为是 20 世纪后半叶最重要的政治哲学著作，与他的《马克思的幽灵》一起构成了解构的政治哲学的核心文献。在《友爱的政治学》中，德里达解构了以友爱为基础的西方政治哲学传统，同时回应了"敌人的"政治神学，提出建构新的友爱关系和未来民主。在这一过程中，德里达没有固守马克思的某些具体观点，也没有将自身的问题意识湮灭在马克思卷帙浩繁的原著之中，而是就当代人类面临的重要课题进行反思和作出回应。

在马克思主义遭到西方世界的围追堵截，甚至连有的马克思主义者都开始怀疑和即将动摇之时，德里达却强调继承马克思思想遗产的重要性。他坚持马克思的批判精神，针对的乃是资本主义制度下的自由民主政治。德里达认为，现代民主政治的表现，是一套冷漠的自动运转机制，因为民主政治的设计者们一边致力论证民主理念的合理性，一边着力进行制度设计和程序完善，殊不知，民主政治所需的友爱基础却被遗忘殆尽。作为现行自由民主政治的批评者，德里达没有拘泥民主程序、权力制衡、矫正机制等具体的程序与设计问题，而是深入民主政治背后探讨作为基础的友爱关系，试图对民主政治来个釜底抽薪。在德里达看来，西方的友爱观念源自古希腊的思想和社会生活，且它与生俱来就表现出同一性、对称性与男性中心等特征。在这些特征的影响下，以敌友划分建立起来的人际关系表现为等级和认同。构筑在此基础上的民主政治，势必也等级森严，它对内认同且对外排斥。启蒙运动的"天赋人权"观念不仅是思想革命的口号，也是现代民主政治的承诺。然而，民主政治的实际运行却没有兑现这一承诺，资本主义社会那种广泛而普遍的民主权利并没有真正到来，随处可见的血缘、财产、性别、种族、地域等种种限制门槛，总是将社会的一部分人排除在民主政治之外。而在民族国家中，民主政治要求内部成员高度认同，却同化或排斥异己力量，所以，在经济、政治与文化频繁接触的全球化趋势中，这种有局限的民主政治经常导致民族国家之间的矛盾。

德里达指出，在资本主义占领世界市场的今天，资本的力量也深入世界的每个角落，渗透到每个人的日常生活。现代社会的大多数人都被纳入资本的框架之下，资本作为一种无形的力量在统治和奴役人们，并且还以国家力量作为后盾，是有组织、有管理的渗透和统治。放眼当今世界，占主导的是西方发达国家建立起来的国际政治经济秩序，它们在人权与民主的幌子下，肆意对外输出资本以及附着在资本上的价值体系，将世界上大多数人置于资本的统治之下。比如，面临"美元、美军、美剧"的强大攻势，世界大多数地区的人们都显得难以抵挡。面对资本力量的强大压迫，德里达主张重拾马克思的批判精神，对资本逻辑展开批判，进而去质疑建立在此种资本逻辑之上的国际秩序、国际市场等。德里达指出，西方世界鼓吹的普遍无条件的人权，在马克思批判精神下早已不复存在。难道不是吗？因为市场总是在不平衡中发展，它又与军事、科技与外债的不平衡共同守护着不平等的国际秩序，那么空谈人权无异于将理想宫殿建立在精神的沙滩上。更为重要的是，与人类历史长河中的那些不平等相比，今天的不平等所带来的惶恐毫不逊色，忘却当今社会中的不平等现实，而信誓旦旦大谈人权，盲目宣称历史终结，无不显得虚伪和可笑。

关注资本统治下现代人的生存境遇，促使德里达力图重建人与人之间的民主平等关系，以消除资本逻辑给现代人带来的强大压迫感，他认为这是对于生命的一种承诺和责任。可以说，在正义缺失的现代世界，德里达试图探索一种充满正义的新秩序。

在德里达看来，马克思连同他所处的时代已经逐渐远去，他所遭遇的时代境况已然改变，然而，马克思的批判精神并未过时。我们毋宁说，当资本在现代世界成为普遍的统治力量，人们心灵处于无家可归的流离状态之时，对于马克思批判精神的重新拥有，无疑将使人获得批判社会与抵御资本统治的武器。在德里达看来，马克思主义的暴力与无产阶级革命理论显得不合时宜，打碎国家机器在今天也不太现实，国家消亡也还很遥远，所以，没有必要将马克思主义的一套话语全盘接受，况且马克思主义还不仅仅是一套话语体系。在现实社会中继续马克思主义的批判精神，就必须关注当代社会中人的生存境遇与发展状况，因为社会的总体进程与个人的生存发展，都要在马克思主义的时代性进程中得到统一。由此，现实是我们继承马克思主义的基础。批判现代社会下的资本统治，实质是揭露国际强权利用科技资本、金融资本等手段对于世界的控制。

思想对现实的贴近守护，理应成为保持马克思主义的基本方向；理论对实践的不断反思，才能推动马克思主义在不断创新中前进。马克思主义的全部学说就在于，深入时代的根基，将内含于社会现实之中那些最根本的思想任务和实践任务指出来；并且因此之故，任何对于社会现实的置若罔闻、视而不见，都不能不意味着对马克思主义理论品质的弱化和放弃。所以，德里达认为，求助于马克思的批判精神是我们的当务之急，这是一项长期的思想任务而非权宜之计。在这种意义上，但凡认真对待和反思现实的人，都可以被视为马克思主义的继承者。

据此，德里达在《马克思的幽灵》开篇就指出，要严厉批驳反马克思主义的论调，就必须维护马克思主义在当代社会的价值。在对马克思、恩格斯著作的认真阅读中，德里达敏锐地看到马克思主义对于当代世界的重要性。他认为，全球化及其所带来的现代生活方式由来已久，但《共产党宣言》以前的文本并没有明确揭示全球化下的政治发展，也没有明确阐发现代传播工具对于思想潮流的推动，在《共产党宣言》中，马克思和恩格斯以恢宏的气势对这些问题进行了分析，尤其指明了全球化、现代生产与民族国家等问题。

马克思主义自诞生以来，就不断受到来自资产阶级理论阵营的诸多批评，而苏联社会主义建设的失误也为这些批评落下重要口实。尽管如此，在你方唱罢我登台的思想交锋中，在风云变幻的世界格局中，马克思主义始终拥有持续的生命力，这难道是偶然的吗？断然不是。秘密无疑在于马克思主义的理论本身从一而终地关注着它赖以生存的现实社会。因此，德里达深刻地认识到，不能没有马克思，如果没有马克思，没有对马克思的记忆，没有马克思的遗产，也就没有将来；得有他的才华，至少有他的某种精神。

德里达继承马克思的批判精神，对当代资本主义社会尤其是自由民主政治进行批判，表达了他对于友爱政治的追求。实际上，正是当今世界不平等的社会现实，以及友爱观念源远流长的思想传统，才使得德里达对于友爱政治的哲学追求成为可能。有必要指出的是，德里达从友爱的角度切入当代资本主义社会，力图展开对于自由民主政治的反思和批判，某种意义上是对马克思批判精神的发扬。

但我们看到，马克思的社会批判理论有着深厚的现实根基，它是剖析资本主义生产方式的必然结果，是一种历史唯物主义的批判方式。德里达从友爱出发展开批判，难免脱离历史唯物主义的现实基础而有空中楼阁之嫌，因为他试图通过矫正人们的友爱观念来推动一种民主，进而建立新的世界新秩序。然而，社会批判的基本维度脱离了经济基础而走向上层建筑的，并非只有德里达一人。西方马克思主义者如卢卡奇、葛兰西、马尔库塞等人亦是如此，他们各自从阶级意识、市民社会，以及文化心理等方面进行社会批判，虽然没有遵从经济基础决定上层建筑的原理，但无论如何也是马克思批判精神在当代的丰富和延续。

## 理想社会的追求

德里达对于马克思的继承，除了将马克思的批判精神引向当代世界并发展成为彻底的解构之外，还丰富了马克思主义中的共产主义理想和人类解放观念。

资本主义社会条件下，生产力发展与劳动人民普遍贫困的现实，以及这一现实背后不合理甚至异化的交往机制，构成马克思追寻理想社会的因由。资本主义依托近代工业革命和科学技术，极大地解放了社会生产力，以商品经济为开路先锋取得世界性的胜利。然而，社会化大生产与生产资料私有制之间不可调和的矛盾却成为资本主义的固有症结，并由此导致社会两极分化、无产阶级普遍贫困、经济危机与社会异化等问题。面对此种境况，如何建构一个更加合理的社会？唯有无产阶级通过革命斗争实现自身的政治解放，进而争取实现人类解放以达到"自由人的联合体"才有可能。可见，在追求理想社会这个问题上，马克思早已给出明确论断：资本主义的繁荣表象丝毫不能掩饰社会的根本矛盾冲突，而作为资本主义制度"掘墓人"的无产阶级，则通过解放自身的革命斗争将社会推向"自由人的联合体"。

在我们无法摆脱的现代性场境里，资本的统治力量对我们进行重重围攻，导致世界范围内的普遍饥饿和贫富分化等后果，德里达对此并没有任性地进行"大拒绝"，而是要在不合理的社会现实中建立新国际秩序。这一点之所以成为必要，并不只是为了抚平现存社会造成的罪恶，其更有价值的地方在于使人们建立一种单纯而普遍的结合。这种结合之所以单纯而普遍，是因为它无须盟约、政党、国家、阶级等外在的纽带和因素，而是在持续批判国际法、国家和民族等概念中结合而成的。对于马克思的共产主义理想，德里达在开放的视野中加以肯定和继承。德里达以人们的友爱关系为基础，试图建立一种尊重差异、相互信任的未来民主，并将之推向国际视野而获得全球性认同。这种未来民主不是德里达自创的政治制度，而是一种具有民主实质的理想社会状态。在德里达看来，倘若人们之间消解了同化、排斥、算计与控制，彼此之间相互尊重和保持独立自由，那么这种社会状态就不失为一种自由人的联合体。

无论是马克思的自由人联合体，还是德里达的新国际与未来民主，都是立足于现实批判而对未来理想社会的追求，后者对前者可以说是一种继承和发展。在德里达看来，实现全人类的解放而达到共产主义，是马克思主义吸引人们建构新世界的理论承诺，也是马克思主义另一项最有价值的思想遗产。这项为实现共产主义理想而奋斗的正义事业，一直在吸引着千万民众为之献身，它与纳粹主义和极权主义有着本质区别，但人们总是错误地将它们归为一类。

也许新国际与未来民主的图景很难实现，但德里达重在表达一种解放精神，以此对资本主义自由民主制下的不平等、压迫、冲突与排外等作出抗争。在资本主义无形的压迫面前，德里达主张要实现未来民主，建立超越阶级和民族国家的共同体。马克思认为资本主义社会中人们的关系被全面异化了，主张人们通过劳动实现人本质的复归；德里达对此表示认同，并试图以相互友爱来重建人们之间的关系。与马克思有所不同的是，德里达放弃了经济分析的前提与历史规律的逻辑。对此，德里达表示，理想社会并不在未来的某一时刻如期到来，但在我们以正义精神来对抗生存境况的过程中，我们就是在经历着新国际和未来民主的可能性。也就是说，自由人的联合体也好，新国际与未来民主也罢，实际存在于我们当下对西方社会的批判之中。马克思主义不追求获得一劳永逸的结论，而是朝向未来进行持续不断的现实求索，这就是德里达对马克思主义向何处去所作的回答。

正是这种朝向未来的姿态，使得马克思主义呈现出一种幽灵性和弥赛亚性，并保持马克思主义在我们时代的不可缺席。在德里达看来，意识形态、商品拜物教、价值、现代性批判等等，这些马克思的思想中蕴含的众多幽灵，在我们当下的现实生活中仍然游荡着，甚至说马克思的思想遗产本身，在今天也作为某种幽灵存在。幽灵没有肉身，但却是不死的灵魂；幽灵有不确定性，但也并非纯粹幻象。德里达从幽灵的角度来看待马克思主义，实质是在阐说他对于马克思主义的不同看法。德里达探讨马克思的幽灵，意在反对那种机械地将马克思主义分割开来的做法，仿佛马克思主义就是几个固定的板块组合而成；他也反对马克思主义被视为某种固定的理论形态，那样的马克思主义对于解释当今世界于事无补。既然马克思的幽灵们在当今世界继续游荡，我们就务必以马克思主义的严肃态度来处理现实问题。可以看出，德里达对待马克思主义的态度是解构式的，他打破了马克思主义确定性的理论形态，散落出来众多不死的幽灵；这种态度同时也是后现代主义的，马克思主义始终向未来敞开，我们都可以成为马克思主义不拘一格的继承者。

作为"自由人的联合体"的共产主义，并非马克思闭关书斋"顿悟"而来，而是在他批判性地研究资本主义社会现实之后，得出的关于社会发展趋势的科学构想，集中体现了马克思毕生寻求的社会理想和价值关怀——无产阶级乃至全人类的解放。正是在对资本主义社会进行科学考察和理性批判中，马克思寻找到人类通向共产主义这一理想社会的现实依据。马克思并非历史的先知先觉者，也没有断然离开资本主义社会现实而奢谈未来。对于未来社会，马克思绝无描绘具体蓝图之意，而是基于现实为人类历史敞开一条发展道路，提供一种价值追求。在这种认识上，德里达才强调继承马克思的批判精神与人类解放信念。

就理想社会而言，很多人认为，马克思受到黑格尔历史神学的影响，将共产主义视为人类社会永恒的理想状态，无疑体现出了基督教中那种末日拯救的弥赛亚主义。德里达认为，就算是共产主义具有弥赛亚性质，它也并非如基督教的末日审判那样会在某时刻具体到来，共产主义不意味着在将来的某一天突然实现，正是在苦难的现实社会中共产主义才值得期待。德里达认为，共产主义这一马克思的社会理想，带有正义和解放的召唤色彩，却不是宗教式的救赎，更不是一种乌托邦，而更像是在社会批判中自我救赎。

首先，共产主义具有正义和解放色彩。德里达对于马克思的共产主义理想充满乐观期待，认为它是某种未知状态不可阻挡和即将到来的可能性，这在我们对各种幽灵的体验中得到证明。追求理想社会，事关我们在各种幽灵中去期待未来的社会正义，而正义就是与他人的普遍关系。对于理想社会的追求，要求我们以积极乐观的心态保持期待，同时要对

190

当下的日常生活保持批判。他认为，马克思哲学中的共产主义，虽说是人类将要达到的正义和解放的状态，却时时刻刻影响着我们所处的现实生活。这种期待使得社会正义和人类解放更具召唤力，促使人们超越现实生活而朝向未来努力。

其次，共产主义不是宗教式的救赎。宗教式的救赎起因于原罪，人们只有对救世主保持真诚的信仰和敬畏，并且谨守宗教的清规戒律，才能在末日审判的那一天获得拯救，救世主是独一无二的救赎者。德里达认为，共产主义作为一种革命的现实行动，显然有别于宗教式的救赎。共产主义成为人们的一种信念或信仰，但却不会仅仅停留于精神的或抽象的信仰，更重要的是内化到人们的实际行动中。正如《国际歌》中唱到的那样：从来就没有什么救世主，也不靠神仙皇帝；要创造人类的幸福，全靠我们自己。共产主义不存在救世主，只有人们在追求正义与解放中的自我救赎。没有任何教条，没有形而上学的宗教性规定，只有某种解放自身的承诺。

最后，共产主义与乌托邦大相径庭。德里达认为，马克思的众多幽灵无时无刻不在影响着当代社会，它们无论如何也不能被认为是乌托邦。诚然，共产主义具有弥赛亚性，但这也与乌托邦性质根本不同，因为人们总是在此时此地期待它的即将来临。所以，共产主义并非遥不可及的未来图景，关于它我们无法具体加以描绘和规划，但通向它的道路就在我们当下的现实行动中。对于未来，我们只有随时积极作好准备，并毫不迟疑地具有革命担当。

马克思关于费尔巴哈提纲所作的批判，可以作为哲学的墓志铭：哲学家们只是用不同的方式解释世界，问题在于改变世界。据此，德里达认为，我们无须过多地用语言解释马克思的这一主张，而应以实实在在的行动去改变世界，人们就会乐意地接受马克思。付出实际行动，比仅仅停留于华丽的语言诠释更有意义。例如，许多批评者误认马克思主义注重暴力革命，缺乏伦理道德关怀，对此我们必须阐发马克思主义中的道德哲学，探求社会的公正、美德、正义等价值。德里达认为这是一项必需而迫切的事情，但我们又不应只停留于对这些进行语言讨论，而应像马克思一样投入变革社会的实际行动中。

可见，在强烈的批判精神下，如何在现实社会中寻求社会正义和人类解放，是德里达对待马克思思想遗产的态度。对于当今世界占主导地位的资本主义而言，共产主义和马克思主义无疑是一种反对力量，德里达看到，正是具有反对的声音和力量，才确保现实社会在差异性中存在，否则世界性的普遍危机迟早会爆发，而正义的召唤也被窒息了。我们看到，在当代资本主义步步为营、紧逼压迫的进攻下，在各种新的统治形式君临现代生活的背景下，无产阶级的革命意愿正在消沉凋敝，甚至有人开始质疑和否认马克思主义的历史功绩。对此，德里达对于马克思主义所具有的客观公正态度，又重新赋予人们以革命的希望。

人们如何获得解放？在德里达看来，关键是建立一种民主，它与现存资本主义自由民主根本不同，甚至与当前的世界秩序直接对立。在传统友爱观念、民主制度和政治概念之中，德里达却提出一种终极的神圣期许，这种终极意义的东西在他的思想之中罕见。在马克思那里，人获得政治解放只是人类解放的前奏，资产阶级并不会实现真正的自由平等，因为存在奴役、剥夺、异化而显得虚伪。只有在生产力极大增长，个人全面发展，一切阶级和阶级差别得以消失，阶级产生和存在的一切根源被彻底铲除，也即到达共产主义社会时，才会真正实现人的自由平等。德里达认为一种普遍的民主关系有助于促进人的解放，人们应该摒弃血缘、地域、民族、国家等限制，在世界范围内加强团结协作，共同抵御现行世界秩序下的不合理现实。在这种民主关系中，不会存在奴役和压迫，人们在相互尊重差异性中共同生活。德里达着眼于人类的未来，认为将资本主义作为历史的终结是荒谬的，我们反对资本主义不能仅仅抵御全球化和现代性，而必须建立一种全球范围内的民主。

然而，真正的民主始终在路上，它如同共产主义一样永远处于即将到来的状态，始终召唤人们对之保持期待，并不断地付诸行动。德里达对于理想社会的构想，将人与人之间自由、民主、平等的真实关系展示出来，这与马克思主义关于共产主义的逻辑具有内在共通性。所以，德里达并非仅仅运用解构策略来希求理想社会，其中也饱含了他对人类现实生存状况的深刻反思，以及对人类美好未来的期待和信念，体现了他作为一个深邃思想家所具有的强烈使命感。

# 第 10 章

## 时代的献礼

哲学家伯特兰·罗素曾说过：世事喧嚣，人生寂寞，支撑我生活的动力是三种单纯而极其强烈的激情——对爱情的渴望、对知识的追求，以及对人类苦难痛彻肺腑的怜悯。同样，对于德里达而言，使他深深陷入思考的，是在传统的废墟中拾取真理的希望，是在世间的不公之中期待正义的来临。德里达与他的思想一道，不仅成为法兰西贡献给全世界的宝贵财富，同时也是整个人类对于当今时代的最好献礼。德里达不仅仅属于法兰西，而且也属于全世界。正因如此，他的中国情缘才会由想象变为现实。

# 中 国 情 缘

作为一个享有国际声誉的当代哲学家，德里达的名字在80年代就进入了中国学界的视野。然而令人遗憾的是，他真正来到中国却被耽误了近二十年。其实，他在巴黎高师求学期间，就读过中国历史。在他的早期哲学中，尤其是在他讨论文字与书写的著作中，也关注过汉字的作用，指出汉字文化可能会有助于解构西方的逻各斯中心主义。

一个学者如德里达要在异域文化中被认知，首要的是通过自己的文字来传达思想，也因此呼唤着文本的转换——翻译，尽管他抵制翻译。但是，横亘在德里达与中国之间的阻隔，除了国际学术交流的条件之外，主要还是来自语言。长期以来，德里达对中国的了解，是多以美国为中介的，而中国对他的了解，也大多来自英语世界。德里达的汉译著作中，仅有屈指可数的几本直接译自法文，其余全部来自英文。因此，用德里达自己的话说，他对中国的了解，总是停留于想象或是幻觉之中。而我们所认知的德里达，多是处于听说和转译状态。

1989年，中国社会科学院邀请德里达访华，原本是一个双方相遇的难得契机，不料却被6月那场危机给搁浅了。

1994 年，德里达在美国的一场演讲中谈道，他虽然不懂中文，却对中国文化景慕有年。德里达也知道他的思想在香港和台湾持续被讨论，因为当时港台学者热衷把解构主义同中国老庄思想比较。但对于德里达而言，中国还真是很神秘的地方。在之前的造访计划搁浅十年之后，这一愿望终于达成，对于神秘中国的向往终于成为现实。为加深中法两国的文化交流，2001 年法国政府出资让德里达来华访问，促成了德里达期盼已久的中国之行。同时，北京大学、复旦大学、上海社科院、南京大学、香港中文大学都向德里达发出访华邀请。于是，2001 年 9 月 3 日，德里达如期访华，先后在北京、南京、上海与香港开始了他为期十六天的中国之行。其间，北京大学、南京大学、复旦大学分别授予德里达名誉教授的头衔。此外，德里达也欣然接受了上海社科院授予的荣誉研究员称号，以及复旦大学中文系与哲学系任学术顾问的邀请。

在对上述几所大学和研究机构的访问过程中，德里达一共做了三场公开演讲、七场专题座谈会，内容涉及德里达近年来关注的宽恕、无条件的大学、全球化与死刑等问题，受到国内学界的热烈欢迎与广泛关注。然而，德里达并非只是哲学家，他还是享誉世界的思想家和公共知识分子，他的中国之行除了在学界受到关注之外，似乎没有引起社会太多的热议。这么一个当代世界的思想巨人如期来华，我们却再也看不到那种万人空巷的追捧局面。不知是我们变得更为理性了，还是我们冷落了思想。

2001 年 9 月 6 日的《北京青年报》的报道，以《思想巨石激不起舆论千层浪：德里达的访问静悄悄》为标题，也许是德里达及其思想在中国的某种真实写照——名声如雷贯耳，思想却鲜有知音。同年早些时候，德国当代思想大师哈贝马斯也曾来华进行学术交流，同样没有激起多大的社会反响。在西方的思想舞台上，德里达与哈贝马斯一贯以公共知识分子形象著称，但在中国其影响力只在有限的学术圈，这绝非偶然。除了语言鸿沟与文化藩篱因素之外，现代社会生活节奏之快速、获取知识之便捷、塑造偶像之频繁，逐渐湮灭了人们曾经为追求真理而具有的那份浪漫情怀。然而，这些都不是主要原因，整个社会对于知识的尊重与否才是关键。所以，真正的思想大师们，很难像当年罗素访华一样产生广泛的社会影响，成为备受追捧的"学术明星"。然而，不管怎样，德里达、哈贝马斯等人的来华访问，仍不失为具有重要意义的事件，哪怕其影响仅仅存在于学术圈。

作为一位法国哲学大师，德里达对中国文化似乎很有好感，尤其是对中国文字的表意书写方式。探寻汉字及其所代表的哲学意义，恐怕是德里达关注中国文化的一个重要初衷。德里达曾坦言，他对中国文化一直非常关心，对于中国文化所表现出来的各方面都怀有极大兴趣。但他兴趣最大的还是汉字，因为方方正正的中国汉字，不像西方拼音文字那样对语音俯首称臣，汉字自身就代表一个完整的世界。汉字及其所代表的文化，与源自希腊的西方逻各斯中心主义的文化根本不同，当德里达运用解构理论，试图去颠覆西方文化的逻各斯中心主义与语音中心主义时，中国汉字带给他极大的灵感和启发。德里达指出，逻各斯中心主义是人种中心主义的反映，它在西方历史中被有意无意地发展。当莱布尼兹为传授普遍文字论而谈到逻各斯中心主义时，中文模式则是打破这种逻各斯中心主义的一股重要力量。

以此反观哲学，德里达说，哲学是地地道道源自古希腊的东西，它是西方文化传统中的重要部分。散发着浓郁西方文化气息的哲学，倘若能够在古老神秘的中国植根发芽并开花结果，那么探究起来一定充满着许多趣味。对于古代中国是否存在哲学的问题，德里达给出了否定的回答。德里达之所以这么认为，绝非因为他自己身处西方文化传统之中，也不是由于他拥有法国人那种典型的文化自信甚至自负情结。德里达试图说明这么一个问题，即西方哲学的根底在于这么一个传统：要求思维对事物进行追根究底，以达到最终、最高的那个存在。这完全是古希腊哲学的风格。如此而言，中国确实不存在西方意义的哲学，不过，这又有什么关系呢？德里达认为，博大精深的中国文化传统，不会因为名称的不同而有逊色之处。更何况，今天的中国文化处在全球化背景下，从国家的内政外交到民众的日常生活，都已经不再是原汁原味的古老中国文化，而已经受到包括西方文化在内的其他文化影响。正像当今的西方文化中也可以看见中国文化的影子一样，中国文化一样需要西方的解构。无论怎样，正如德里达重视马克思思想遗产中的批判精神一样，我们也应该重视德里达思想中的解构精神。毕竟，我们的文化传统虽然传承悠久，但主要表现为"和合"、中庸、重礼等文化特征，一言以蔽之，中国文化中缺乏的就是德里达哲学的批判性与颠覆性。

在美国绕过联合国攻打伊拉克之后，德里达与哈贝马斯等欧洲知识分子联名发表公开信，要求复兴欧洲以制衡美国的全球霸权。德里达在反对霸权主义传统中表现出来的正义精神，无疑在中国人民心中留下良好印象，同时也使之在国际公共生活舞台上扮演着世界公民的角色。

## 世 界 公 民

作为解构之父，德里达在美国比在欧洲拥有更多的追随者，他被当成了现代法国知识分子的化身，并且正在破坏着西方"古典教育的传统标准"。同时，作为一个具有强烈历史感和社会关怀的思想家，德里达很好地继承了思想家的反思与批评精神，他始终是当代社会的批评者或是"牛虻"。正是有了像德里达、罗蒂、哈贝马斯这些时代的批评者，我们才得以对时代危机保持警醒。德里达的著作以及其中闪烁出来的思想火花，无论是招来轻蔑与嘲笑，还是引发争论与思考，都是我们这个时代不可或缺的思想灵感，尤其是在那些缺乏思想的荒芜之地与死气沉沉的社会角落。通过反思与批评，思想凝聚为锤子般坚定的力量，德里达为我们所处的时代与社会注入动力，也使他自己成为不折不扣的世界公民。

在20世纪80年代以后，德里达的研究重心转向了政治伦理领域，直接关涉和介入当代社会生活。这种关注并非在书斋之中讨论社会生活，而是直接参与社会的公共问题之中。甚至在世界舞台上一些著名的政治事件中，我们也能看到德里达的身影。例如，1981年他支持拉丁美洲精神分析界对独裁政府的反抗；1982年在布拉格支持捷克斯洛伐克持不同政见者的运动，为此还曾被捷克斯洛伐克政府逮捕；支持南非的反种族隔离运动；等等。

在人道与政治之间，德里达认为人权不仅是抵抗集权主义的工具，还事关西方政治传统中占主导地位的世界霸权概念，为了一个更加人道和正义的世界，现行西方霸权主义的政治需要被解构。为了这一信念，德里达围绕着主体与自由、民主与公平、民族国家的边界等观念来展开解构工作。也正因为如此，德里达哲学与思想的时代性痕迹是如此明显：从政治神学的根源讨论死刑的存废问题；谴责恐怖主义并分析其产生的思想与社会原因；分析美国划分流氓国家和邪恶轴心国的宗教激进主义情结；指责"没有启蒙、没有政治远见的阿拉伯伊斯兰神权政治主义"；以犹太人的身份批评以色列的犹太复国主义；义无反顾地支持同性恋结合，甚至主张从民法中消除"结婚"这个词；等等。

在即将来临的各种可能性民主中，德里达对于欧洲共同体抱有期待，希冀欧洲一体化能成为建立世界新秩序的一道窗口。2003 年 5 月 31 日，在事先没有任何预告的情况下，包括德国的《法兰克福汇报》和《南德意志报》、法国《解放报》、瑞士《新苏黎世报》等欧洲的七家重要报刊，共同发表了欧洲七位公共知识分子的文章《战争之后——欧洲的复兴》。这七位世界著名的知识分子是：德国哲学家哈贝马斯、法国哲学家德里达、瑞士作家穆希格、意大利符号学家兼作家艾柯、意大利理论家兼欧洲议会议员瓦蒂莫、西班牙作家萨瓦特以及美国哲学家罗蒂。这篇文章的主旨是为欧盟共同的外交政策辩护，呼吁欧盟加强在国际层次和在联合国框架内的广泛合作。他们共同倡导多极世界的观念，要求加强联合国的地位，主张欧洲在政治上实现一体化，呼吁欧洲和世界的知识分子联合起来，重建欧洲新秩序，抗衡单边主义行径。此外，他们还倡导加强欧盟成员国的政治归属感，为达成共同目标而排除竞争障碍。这篇联名文章一出现，就在世界范围内引起广泛回响。知识分子介入世界公共领域，与公共传媒联手发起的思想风暴，一时之间成为世界传媒聚焦的中心。

其中，德里达与哈贝马斯是有过理论分歧的，他们之间的争论与回应可谓礼尚往来，以至于在《现代性的哲学话语》中，哈贝马斯就曾经批评以德里达、福柯和利奥塔为代表的这些所谓后现代主义者，整体对"现代性"都充满了敌意。然而此时，他们摒弃长达数十年的恩怨而联袂撰文，被视为"当代欧洲思想界的一次轰动之举"。无论德里达与哈贝马斯过去在思想交锋中有多大分歧，两人摒弃前嫌而联合行动，证明了学术争论湮没不了学术友谊，更证明了他们对于世界前途与人类命运的共同关注。正是这份世界公民的情结，使得两位思想巨人此时共同发出声音。

自 1966 年德里达在美国约翰·霍普金斯大学的国际学术研讨会一举成名以来，美国就成为德里达学术活动的重要地区，甚至他的学术生涯顶峰几乎都出现在美国。尽管如此，号称自由天堂与上帝宠儿的美国，依然逃不脱德里达的批评，尤其是美国对外政策中的单边主义和双重标准，德里达将它们一概视为美国霸权。当"9·11"事件发生的时候，德里达正在复旦大学等地讲学，当时陪同他到上海的工作人员都在准备第二天的讲稿，谁也没有顾得上看电视，但德里达及时关注了。助手再见到他的时候，他表情凝重地说自己整夜没睡。发生在世界上的灾难，好像和他有什么特别的关系，德里达脸上的那份深沉的忧虑，让人看了非常感动。他除了对罹难的人们表示深深的同情与悼念之外，还思考这一事件的长期影响和深层原因，以及它对于当代世界的象征意义。次日在复旦大学的演讲中，德里达指出美国是这次攻击的受害者，但我们也不应该忘记，美国霸权政策造成的受害者也随处可见，他预见美国的反击将要改变世界的秩序。德里达敏锐地意识到，"9·11"事件正在表明一件事实，即当代民族国家的总体性威胁不再纯粹来自他国，而是来自某种根本无法预料、难以控制的匿名力量，这就是越来越不可忽视的恐怖主义。

晚年的德里达与夫人玛格丽特和两个孩子居住在巴黎南郊，与法国其他文学家、思想家喜欢热闹与聚居不同，德里达选择了安静的居住环境。尽管迟暮之年的德里达内心向往宁静，却仍未停止对于世界的关注，战争之后的宽恕问题、源远流长的爱和友谊问题、全球范围内的死刑存废问题、区域冲突背后的宗教问题等，都进入德里达关注的视野。比如，德里达晚年的一部重要著作《宗教》，就是他和哈贝马斯、费拉里斯、瓦蒂莫等五位哲学家的思想结晶。他们认为，宗教问题已经成为当今世界不可回避的重大问题，也是诱发诸多区域冲突的根本原因，伊拉克战争、恐怖主义袭击以及各式各样的宗教激进主义，都和宗教直接相关，并且无论是在历史上还是现实中，人类的很多罪恶是以宗教信仰的名义行使的。因此，在意大利一个叫卡普里的小岛上，五位哲学家着力探讨宗教问题，深刻剖析全球政治和人类精神生活中的宗教现象。

在德里达与死神搏斗的最后日子里，他仍没有停止几十年如一日的思考与写作。他以未来民主为目标呼唤全新的世界秩序，希望自由民主、团结友爱在其中得以真正实现。也许，作为世界公民的德里达，真正作到了身居书斋却心怀天下。身为犹太人，德里达并没有对以色列报以强烈的归属感，而是持续对以色列的自杀性政治决策进行严厉批评，甚至认为以色列既不是犹太精神的代表，也不是世界各地形式多样的犹太复国运动的典范。如果说德里达对新世界秩序有何期待的话，那就是欧洲将无可争议地承担示范作用。在德里达看来，欧洲应该成为一种世界主义的欧洲，它将主权国家的边界逐渐模糊并转化到国际法的实践中，欧洲也应成为社会公正的理想之地。

德里达逝世之后，《纽约时报》于 2004 年 10 月 14 日刊出的悼文，可以作为德里达求索一生的休止符：

德里达与维特根斯坦、海德格尔一样，将作为 20 世纪三个最重要的哲学家之一留在人们的记忆中。在以往的一百年间，在如此多的领域或不同学科中对人类产生如此大的冲击力，除了德里达，再没有第二个哲学家。哲学家、神学家、文艺批评家、心理学家、历史学家、作家、艺术家、法学家，甚至包括建筑师，都从德里达的著作中找到了各自需要的灵感源泉。这些灵感导致了过去四十年间艺术与人文科学异乎寻常的复兴，但是，也没有第二个思想家像他那样被人们深深地误解。

# 附录

## 年　谱

1930 年　7 月 15 日，出生在法属阿尔及利亚首都阿尔及尔郊区的一个犹太人家庭。

1935—1941 年　在埃尔-比亚尔小学读书。

1941 年　就读于埃尔-比亚尔附近的本-阿克努高级中学。

1942 年　10 月，因反犹运动高涨，被赶出学校；进入犹太人学校学习，直到 11 月 8 日盟军登陆北非，才恢复正常。

1943—1947 年　回到本-阿克努中学上学；大量阅读卢梭、纪德、尼采、加缪等的著作。曾在《北非评论》杂志上发表过诗作；受反犹浪潮余波影响，对自身犹太人身份产生敏感和困惑；1947 年 6 月参加中学会考失败。

1948 年　中学毕业；第二次参加高中文凭会考，成功通过；学习热情由文学迁移至哲学，开始阅读克尔凯郭尔与海德格尔的作品。

1949—1950 年　第一次离开出生地阿尔及尔远赴巴黎，进入路易大帝中学，准备报考巴黎高等师范学校，但在第一次巴黎高师入学考试中失败。

1950—1952 年　继续就读于路易大帝中学，其间因健康不佳，回到阿尔及利亚休养三个月；1952 年底，被巴黎高等师范学校录取，师从著名马克思主义哲学家阿尔都塞，开始了在巴黎高师的学习。

1953 年　获索尔邦大学文学和哲学学位；选修福柯的课程，并与之结为好友。

1954 年　前往比利时卢汶大学胡塞尔档案馆；完成第一篇专题论文，题为《胡塞尔哲学中的发生问题》。

1955 年　在法国大、中学哲学教师考试中因口试成绩不佳而失败。

1956 年　成功取得高等教育资格学衔（法国的大、中学教师资格）；德里达赴美并在哈佛大学当了一年的访问学生；开始翻译胡塞尔的《几何学的起源》；阅读乔伊斯。

1957 年　与玛格丽特·奥库蒂里埃在波士顿结婚，后育有二子，长子皮埃尔生于 1963 年，次子让生于 1967 年；提交了与其胡塞尔研究密切关联的博士论文题目。

1957—1959 年　服兵役两年。时值阿尔及利亚战争，被派往军队子弟学校教授法语和英语。其间，常与布尔迪厄见面。之后回到巴黎，在曼斯中学任教，曾与语义学家热奈特共事。

1960—1964 年　在索尔邦大学任教，重新投身学术事业，协助保罗·利科等人的工作，教授"普通哲学与逻辑"课程；1962 年出版《胡塞尔〈几何学的起源〉引论》。

1964 年　进入法国全国科学研究中心，不久辞职；受依波利特和阿尔都塞之邀，在巴黎高师担任助教（一直到1984 年）。

1966 年　应热拉尔之邀，参加在美国约翰·霍普金斯大学举办的国际学术研讨会，一举成名。会议期间，结识保罗·德·曼、拉康等人。

1967 年　出版《论文字学》《书写与差异》《声音与现象》。

1968 年　相继在法兰西学院、法国哲学协会以及伦敦与纽约等地演讲，开始享有国际性声誉；作品陆续被译成四十多种文字，被誉为"五大洲的哲学家"；先后被选为纽约人文与科学院、美国文理科学院院士；首次在柏林大学作系列演讲，先后获哥伦比亚大学、卢汶大学等高校的名誉博士学位；为捍卫哲学学科不受政治权力侵犯，组织巴黎高师的第一次集会，并参加一些游行，卷入"五月风暴"。

1972 年　参加在塞里斯举办的"今日尼采"讨论会；出版《播散》《哲学的边缘》《多重立场》。

1974年　抗议哲学教育审查委员会的报告，与南希等人合创《事实上的哲学》，与其他人共同创办哲学教育研究小组；出版《丧钟》。

1975年　开始在耶鲁大学教书（每年几周），与保罗·德·曼、米勒等人一起被称为"耶鲁学派"（也称"耶鲁四人帮"），引起"解构入侵美国"的争论。

1978年　出版《马刺：尼采的风格》《画中真理》。

1980年　参加在塞里斯举办的"人的终结：从雅克·德里达的研究出发"讨论会；在索尔邦大学通过博士论文答辩，获得博士学位；保罗·利科退休，德里达申请接替其职位，被排斥和拒绝；出版《明信片》。

1981年　与伽达默尔就海德格尔哲学的彻底性问题展开论争；在赴布拉格一次秘密研讨会演讲途中，遭到疑似贩毒的诬陷而被捕入狱，时任法国总统弗朗索瓦·密特朗亲自干预此事，得以释放。

1982年　受法兰西政府委任，组建国际哲学学院，随后担任该院首任院长。

1984年　被选为法国高等社会科学研究院研究主任；前往法兰克福大学，在哈贝马斯的讨论班演讲。

1986年　出版《测验》《近域》。

1987年　出版《心理：别一种发明》《论精神——海德格尔

与问题》《留声机》。

1988 年　荣获德国尼采奖；在《批评探究》上发文，为保罗·德·曼辩护；出版《签名》《回忆保罗·德·曼》。

1990 年　在苏联科学院和莫斯科大学开讨论班；在罗浮宫举办的素描展上发表演讲；出版《从法律到哲学》《胡塞尔哲学中的发生问题》。

1991—1999 年　出版《耗时：伪币》《另一标题》《马克思的幽灵》《难题》《死亡的礼物》《论名》《档案热——一个弗洛伊德主义的印象》《解构的责任》《友爱的政治学》《抗拒精神分析》《与勒维纳斯永别》《监督的权利》《激情》《名字除外》与《刺死》等著作。

2001 年　访问中国，先后在北京、南京、上海、香港讲学，受到学界广泛欢迎。

2003 年　病重期间与哈贝马斯等七位公共知识分子在《法兰克福汇报》上联名发文，题为《战争之后——欧洲的复兴》；出版《无赖》《9·11 概念》《独一无二的每一次·世界的终结》。

2004 年　出版《正在到来的民主》；10 月 8 日晚，因胰腺癌在巴黎一家医院去世。

# 主要著作

（至 2011 年）

1. 德里达著，何佩群译：《一种疯狂守护着思想——德里达访谈录》，上海人民出版社，1997 年。

2. 德里达著，赵兴国译：《文学行动》，中国社会科学出版社，1998 年。

3. 德里达著，杜小真译：《声音与现象》，商务印书馆，1999 年。

4. 德里达著，蒋梓骅译：《多义的记忆——为保罗·德·曼而作》，中央编译出版社，1999 年。

5. 德里达著，张正平译：《他者的单语主义》，桂冠出版社，2000 年。

6. 德里达著，林志明译：《画中真理》，扬智出版社，2001 年。

7. 德里达著，张宁译：《书写与差异》，生活·读书·新知三联书店，2001 年。

8. 德里达著，苏旭译：《明天会怎样——雅克·德里达与伊丽莎白·卢迪内斯库对话录》，中信出版社，2002 年。

9. 德里达著，杜小真、张宁编译：《德里达中国讲演录》，中央编译出版社，2003年。

10.德里达著，郭军译：《论瓦尔特·本雅明——现代性、寓言和语言的种子》，吉林人民出版社，2003年。

11.德里达著，孙周兴、孙善春编译：《德法之争——伽达默尔与德里达的对话》，同济大学出版社，2004年。

12.德里达著，余碧平译：《多重立场》，生活·读书·新知三联书店，2004年。

13.德里达著，汪堂家译：《论文字学》，上海译文出版社，2005年。

14.德里达著，方向红译：《胡塞尔〈几何学的起源〉引论》，南京大学出版社，2006年。

15.德里达著，杜小真译：《宗教》，商务印书馆，2006年。

16.德里达著，何一译：《马克思的幽灵——债务国家、哀悼活动和新国际》，中国人民大学出版社，2008年。

17.德里达著，朱刚译：《论精神——海德格尔与问题》，上海译文出版社，2008年。

18.德里达著，贾江鸿译：《论好客》，广西师范大学出版社，2008年。

19.德里达著，于奇智译：《胡塞尔哲学中的发生问题》，商务印书馆，2009年。

20.德里达著，汪堂家、李之喆译：《无赖》，上海译文出版社，2011年。

21.德里达著，胡继华译：《〈友爱的政治学〉及其他》，吉林人民出版社，2011年。

22.德里达著，杜小真等译：《解构与思想的未来》，吉林人民出版社，2011年。

# 参 考 书 目

1. 汪堂家:《汪堂家讲德里达》,北京大学出版社,2008 年。

2. 尚杰:《德里达》,湖南教育出版社,1999 年。

3. 尚杰:《从胡塞尔到德里达》,江苏人民出版社,2008 年。

4. 张宁著译:《解构之旅·中国印记——德里达专集》,南京大学出版社,2009 年。

5. 汪民安、陈永国、马海良主编:《后现代性的哲学话语从福柯到赛义德》,浙江人民出版社,2000 年。

6. 赵一凡:《从胡塞尔到德里达——西方文论讲稿》,生活·读书·新知三联书店,2007 年。

7. 陈晓明:《德里达的底线——解构的要义与新人文学的到来》,北京大学出版社,2009 年。

8. [日]高桥哲哉著,王欣译:《德里达:解构》,河北教育出版社,2001 年。

9. [英]克里斯托弗·诺利斯著,吴易译:《德里达》,昆仑出版社,1999 年。

10. [美]斯蒂芬·哈恩著,吴琼译:《德里达》,中华书局，2003 年。

11.［德］恩斯特·贝勒尔著，李朝晖译：《尼采、海德格尔与德里达》，社会科学文献出版社，2001 年。